Orphée

オルフェ・ライブラリー

亡命者たちの上海楽壇

租界の音楽とバレエ

井口淳子

Junko Iguchi

音楽之友社

目次

第二章　上海楽壇――モダニズムからコンテンポラリーへ

第三章　上海バレエ・リュス――極東でディアギレフを追い求めたカンパニー

はじめに

中国（清朝）がアヘン戦争に敗れて以後、英仏米を中心とする西欧列強の半植民地支配下にあった上海租界は、「いずれの国家にも属さず」という特異な都市空間ゆえに、二〇世紀に入ると革命や戦争が生み出した大量の「亡命者」を磁石のように吸いよせた。すなわち、ロシア革命を逃れた、多くがハルビン経由のロシア人がおよそ二万人、その後、一九三〇年代末にはドイツ・ナチの迫害から世界で唯一ビザ不要のこの地にユダヤ人およそ一万七〇〇〇人が押し寄せた。亡命者が増えたこの時期、英仏両租界を築きあげてきた英国人、フランス人の人口は数千人規模に過ぎず、しかも戦時に減ったことを考えると、上海を「亡命者の都市」とみることができる（もちろん租界内最大の人口は中国人であった）。

亡命者にとって上海は一九世紀半ばより西洋文化が根づいた土地であり、とくに音楽家やバレエ・ダンサーにとっては劇場、ダンスホール、大小さまざまなカフェ、レストランなどの活躍の場、生計の手段をもとめうる避難地であった。劇場ではいずれもロシア人、西欧人によるオーケストラの定期演奏会、オペラとオペレッタ、バレエが常に目新しいプログラムを準備し、かたや街のあちこちに散らばる大小のホールでは小編成のバンドや歌手によるジャズやダンス音楽、流行歌とありとあらゆるジャンルが享受できた。

同時にこの時期は「シネマの時代」でもあった。一九三〇年代、上海で爆発的に人気を集めたのはハリウッド映画であった。米国封切り直後に上海のグランド・シアターやキャセイ・シアターなどの大型劇場で新作品をみることができた。たとえば、冷暖房完備の大劇場で『風とともに去りぬ』（一九三九年）が米国公開後まもなく一九四〇年六月には上海で上映された。日本での初上映が戦後の一九五二年であったことを思えば、租界がいかに世界最先端の情報、流行を享受できる都市であったかがわかる。軽快な映画音楽が流れるなかスクリーンのなかのゴージャスな衣装や生活にみとれる、映画こそが最大の娯楽にあげられる時代の到来であった。そのような娯楽映画の大きな写真やイラスト入り広告が新聞の劇場広告欄の大半を占めるなか、コンサートやバレエ、オペレッタの広告が小さいながらもその灯を消すことなく掲載され続けていた。そしてそれらの広告は必ずLyceum Theatreという劇場名とともに掲載されていた。ライセアム・シアター（日本人はライシャム劇場と呼んでいたため本書でもそのように表記する）はオーケストラの定期演奏会場であり、ロシアを筆頭にヨーロッパ各国の舞台芸術、そして中国の「話劇」とよばれる近代演劇の上演拠点でもあった。映画ではなく芸術にふれたければ、ライシャムへ、というきまりであった。今日も往時と変わらず上海の一等地、旧フランス租界の中心で営業を続けるライシャム劇場は、租界につどった亡命者たちの故郷——ペテルブルク、モスクワ、ヴィーン、ベルリン、パリなど——で果たすことがかなわなかった夢を実現しうる希望の舞台であった。

本書は、近年になって公開やデータベース化がすすみつつある上海発行の外国語新聞を通して、上海租界の楽壇、亡命者たちによる音楽とバレエの実態を描き出そうとするものである。租界時代、上海は多国籍、多民族の居住地域であり、英、仏、露、独、中、日など各国語の新聞が発行されていた。最古の英字新聞、『ザ・ノース・チャイナ・ヘラルド』(*The North China Herald* 週刊)は一八五〇年創刊であり、一八六四年創刊の日刊紙、『ザ・ノース・チャイナ・デイリー・ニューズ』(*The North China Daily News*)はページ数も多く、租界内で最多の八六五〇部が発行されていた。芸術や劇場文化にとくに詳しい紙面を提供していたのが仏語日刊紙『ル・ジュルナル・ド・シャンハイ』(*Le Journal de Shanghai* 一九二七〜一九四五年)である。仏語紙は太平洋戦争開戦後、英、露新聞が停刊に追い込まれるなか、例外的にヴィシー政権と日本との関係により停刊を免れたため、一九四一年から一九四五年の日本軍支配時期の重要な情報源となっている。しかし、原本の所蔵図書館は世界にわずか三館しか知られておらず、これまで研究資料として用いられることがほとんどなく、こと文化欄についてはこの仏語新聞にしか掲載されない音楽・バレエ評論、記事、写真、広告が数多く存在する。

外国語新聞の、とくに「劇場広告欄」は重要な情報源である。年月日を特定できる公演情報が掲載されているからである。たとえば日刊新聞の劇場広告欄をもとに一日単位で各主要劇場の公演内容、すなわちプログラム、演奏家、演奏団体名などやチケット料金まで知ることができるのだ。

第四章にあるように、日本と上海を欧州につなぐパイプ役となっていた極東を代表する興行師、アウセイ・ストロークについてはじめて正確で詳細な足跡を明らかにすることも英字新聞のデータベースの出現によってはじめて可能になった。ストロークは、日本の洋楽史における外来アーティストの記念碑的公演に必ずといってよいほど関わっていたが、その実像は謎に包まれており、活動の全容は把握されていなかった。彼は上海で最新の音楽情報を入手しつつ、日本と上海、さらにはアジア主要都市をめぐるオリエント・ツアーを実施していた。そのツアーが洋楽黎明期のアジア諸国にもたらした影響ははかりしれないほど大きい。しかし、本書が示すような彼の二十四年の長きにわたる五十回以上のアジア・ツアーの全容も、外国語新聞によってはじめて確定しえたのである。

しかも、外国語新聞といっても各国語によって掲載内容や傾向もそれぞれ特徴がある。英字新聞とフランス語新聞は劇場広告欄のラインナップにさほどの違いはないが、ロシア語新聞になるとおもむきが大きく異なってくる。当然のことながら、ロシア語で上演される演劇、オペレッタなどの広告が前面に打ち出され、ロシア人アーティストや団体以外の広告は相対的に小さくなる。紙面をいろどるアーティストのポートレートも新聞によってとりあげるジャンルや人物が大きく異なってくるのである。さらに、中国語新聞である『申報』（一八七二年創刊）や『新聞報』（一八九三年創刊）といった日刊新聞は中国人読者のために欧米系新聞には決して掲載されない伝統音楽劇や話劇、語り物演芸専用の劇場広告が数多く掲載されていた。中国人はライシャムを蘭心大戯院、略して蘭心《ランシン》とよんでいた。このように、新聞とは租界内の民族と文化の多様性を映しだす鏡であった。

さて、わが国には「アジアのなかで植民地支配を受けず、まっさきに近代国家を成立させた日本こそが常に西洋音楽文化を牽引してきた」という暗黙の了解と自負が存在する。「外地」とよばれた中国、台湾そして朝鮮半島から日本に留学し、帰国したのち活躍した作曲家や音楽家の存在は、日本の洋楽受容が常に隣接諸国よりも先んじていたという認識を補強してきたのかもしれない。

しかし、国ではなく都市単位でみるならば、上海とそこに形成された楽壇はきわめてユニークな存在である。楽壇はフランス租界内に、オーケストラ、国立の音楽院、ライシャム劇場という三つの拠点を有していた。その前身がパブリックバンドであったアジア最古のプロ・オーケストラである工部局オーケストラは早くも一八七九年に創設されていた。一九二七年に上海に創立された国立音楽院はその教員の半数以上をロシア人、西欧人が占めていた。音楽、バレエ、オペラ、オペレッタ作品のアジア初演が日本ではなく上海であった例は数多く存在する（第二章）。とくに一九三〇年代から一九四五年においては「亡命者たちの楽壇」のみがアジアで唯一、モダニズムの潮流、二〇世紀の同時代音楽やディアギレフの近代バレエなどに取り組んでいた（第二章・第三章）。

さらに、上海楽壇の日本の戦後への継承という点も見落とせない。戦時下、上海租界最後の十年間は、上海体験を経て戦後日本の音楽・バレエ界を牽引していった朝比奈隆（指揮）、服部良一（作曲）、中川牧三（オペラ）、小牧正英（バレエ）、原善一郎（音楽マネージャー）らの活動舞台でもあった。敗戦後一年、焼け跡のなかでいちはやく《白鳥の湖》が全幕上演され、朝比奈ひきいる関西交響楽団が始動し、やがて小牧と協同で近代バレエ公演を次々と実現しえた理由の一つに、日本国内の文化停滞とうらはらに戦時下も途切れず活動を続けることができた「もう一つの（外地、上海の）楽壇」の存在があったはずである。一九五一年、社会現象ともなったメニューヒンの日本ツアーを成功させたのも興行主ストロークと上海人脈であったことは第五章で詳しくのべる。

戦前および戦時下の上海楽壇から戦後日本への連続性は追究されるべきテーマであった。しかし日本軍部とつよく結びついていた租界の楽壇との関わりについて、当事者たちは戦後多くを語らなかった。またユダヤ、ロシア人亡命者たちも租界消滅後、再び米国、ソヴィエト、オーストラリア、欧州など世界各地に離散し、上海楽壇の記憶は断片的にはきこえてくるものの長く封印されることになった。とくに現地、上海では租界時代の洋楽受容を「西欧列強と日本による侵略の歴史」という文脈でしか語りえない時代が長く続いてきた。

上海の西洋音楽研究においてはこれまで、工部局の報告書や中国側の公的資料を中心に研究が進められてきた。そうした資料を用いて工部局オーケストラや個々の音楽家についても着実に研究が進められている。しかし、そこでは具体的にどのような音楽やバレエ作品が上演されたのか、いかなる演奏でありパフォーマンスであったのか、さらには二〇世紀前半の世界やアジアのなかで上海楽壇がどのような存在意義をもっていたのかについては明らかにされてこなかったように思う。

たとえば、一九四一年四月の復活祭特別演奏会でゾルタン・コダーイの《ハンガリー詩編》とともにベートーヴェンの第九が一〇〇名の合唱団をともなって披露された（第九の上海初演は一九三六年）。この演奏会に対する新聞批評は演奏会の様子を生々しく伝えるものである。仏語新聞『ル・ジュルナル・ド・シャンハイ』紙上で評論家、グロボワの長い批評のなかに次のようなくだりがある。（一九四一年四月二十日）

そもそもこの曲の演奏はだんだん悪くなってきていることを認めなければならない。その原因は、ふさわしいソリストと合唱団を一つにまとめる難しさにある。この交響曲は、実際、演奏するのが難しく、念入りに選ばれ訓練された歌い手たちを必要としている。それは、戦争前でさえ、少なくともヨーロッパではほとんど不可能となっていた。（中略）上海でのこの音楽の演奏を批評するのは、かなり不公平であろう。何よりもまず多大な努力が成し遂げられたことを認めるべきである。われわれの村では、持っている手段を有効に使わなければならない。しかもその手段の選択はかなり限られている。

上海はたしかに、パリの劇場文化に親しんできたグロボワに「村」と自嘲されるように狭く、劇場、楽団の経営問題をはじめとして音楽家たち個々の生活苦、先の見通しが立たない生活と文化への圧力、じりじりと迫り来る日本軍の包囲網、中国国内の混迷を深める内戦、テロや犯罪ほかさまざまな問題を抱えていた。しかしそこは故国を失った芸術家がつどい、本国ではたせなかった夢を追求する可能性が残された「最後の砦」でもあった。

租界の楽壇を、そこに生きた亡命者たちの活動を、ゆたかな色彩と正確なディテールをもって描きだそうとする試みは、外国語新聞という多言語資料によってはじめて可能になるはずである。

●主要参考新聞一覧（いずれも上海で発行・カッコ内は中国語名、刊行期間）

・英字新聞

『ザ・ノース・チャイナ・デイリー・ニューズ』*The North China Daily News, Shanghai*（字林西報、一八六四～一九四一、一九四五～一九五一年）

『ザ・チャイナ・プレス』*The China Press*（大陸報、一九二五～一九三八年）

『ザ・シャンハイ・タイムズ』*The Shanghai Times*（上海泰晤士報、一九一四～一九二一年）

『ザ・ノース・チャイナ・ヘラルド』*The North China Herald*（北華捷報、一八五〇～一九四一年）

『ザ・シャンハイ・ガゼット』*The Shanghai Gazette*（英文滬報、一九一九～一九二一年）

『ザ・チャイナ・ウィークリー・レヴュー』*The China Weekly Review*（密勒士評論報、一九一七～一九五三年）

・フランス語新聞

『ル・ジュルナル・ド・シャンハイ』*Le Journal de Shanghai*（法文上海日報、一九二七～一九四五年）

・ロシア語新聞

『シャンハイ・スロヴォ』*Shanghai Slovo*（上海俄文時報、一九二九～一九五〇年、一九四一年以降一時停刊）

『シャンハイ・ザリャー』*Shanghai Zaria*（上海柴拉早報、一九二五～一九五〇年）

・中国語新聞

『申報』（一八七二～一九四九年）

『新聞報』（一八九三～一九四九年）

・データベース

「ProQuest Historical Newspapers: Chinese Newspapers Collection. 1832-1956」（二〇一六年から二〇一七年にかけて閲覧）

第一章　ライシャム劇場——西洋と東洋の万華鏡

一　上海最古の西洋式劇場

ライセアム・シアター（Lyceum Theatre）、日本人はライシャム劇場とよび、中国人は「蘭心大戯院（ランシン・ターシーユアン）」、略して蘭心（ランシン）とよんできた典雅な劇場である。蘭心とは英語のLyceumという発音に音が近い漢字をあてた名称である。一八六六年に落成、翌六七年三月に開館した英国人によって建てられた西洋式劇場であり、その三代目の劇場（一九三一年竣工）が今なお旧フランス租界の中心にかわらぬ姿をとどめている。英仏などヨーロッパをはじめとしてロシア、日本、中国と多様な民族がステージの主役となった数奇な運命をもつ劇場である。

ここに一九四三年初春、旅行中のドイツ人カメラマンがライシャム劇場入り口を撮影した二枚の鮮明な白黒写真がある。[注1]

一枚はライシャム劇場入り口付近の写真（画像1）。《秦淮月《チンホアンユエ》》という中国語の看板が掲げられ、人混みと中国人女性が劇場をあとにする姿が捉えられている。

もう一枚は同じ日に撮影された写真（画像2）。こちらには英文のはり紙がみてとれる。入り口に集まった毛皮コートやショールを身につけた女性や帽子とコート姿の男性の群れにフォーカスがあてられており、そのほとんどが西欧人である。

当時の新聞を調べると、《秦淮月》は一九四三年二月二日から三月十六日までのロングラン昼夜公演であり、中国話劇の「芸光劇団」による五幕もののロマン悲喜劇であったことがわかる。昼の開演時間

画像1　ライシャム劇場入り口　1943年初春
(Werner von Boltenstern Shanghai Photograph and Negative Collection, Department of Archives and Special Collections, William H. Hannon Library, Loyola Marymount University)

画像 2　ライシャム劇場入り口の西洋人　1943年初春
（画像 1 に連続して撮影された写真）

新聞報

大光明
一代紅伶
王熙春
黄河
揭開伶的生活私！
今天
大華
未嫁時
春的夢
情潮
芳草碧血
上海影院公司管理
新光
滬光
斷腸風月
大上海
情潮
國聯
寒山夜雨
金門
如母親
不如歸
中央
銀光
大歲
新婚
大血案
西海
芳華虛度
鴛鴦淚
香衾春暖
千里眼
慈母心
西班牙之夜
母與子
張園劇場
江笑笑
蘭心
秦淮月
美華
秋窗夢
麗華
錦繡天
傾國傾城
金都
風信
綠寶
女伶外傳
卡爾登
秋海棠
今天日夜演劇

画像 3　『新聞報』劇場広告欄（ライシャムは蘭心と表記。下段左から 2 番目） 1943年 2 月19日

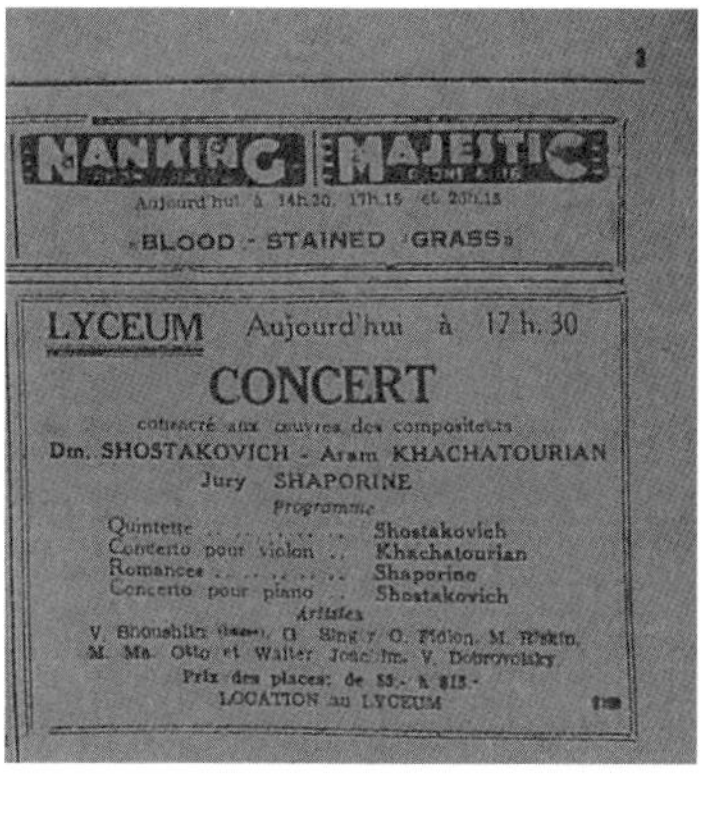
NANKING　MAJESTIC
Aujourd'hui à 14h.20, 17h.15 et 20h.15
«BLOOD - STAINED GRASS»

LYCEUM　Aujourd'hui à 17 h. 30
CONCERT
consacré aux œuvres des compositeurs
Dm. SHOSTAKOVICH - Aram KHACHATOURIAN
Jury SHAPORINE
Programme
Quintette .... Shostakovich
Concerto pour violon .. Khachatourian
Romances .... Shaporine
Concerto pour piano .. Shostakovich
Artistes
V. Shoushlin (basse), G. Singer, O. Fidlon, M. Riskin, M. Ma, Otto et Walter Joachim, V. Dobrovolsky
Prix des places: de $5.- à $15.-
LOCATION au LYCEUM

画像 4　『ル・ジュルナル・ド・シャンハイ』（以下、LJDS と略記）劇場広告欄（ライシャムは Lyceum と表記） 1943年 2 月19日（画像 3 と同日）

は午後二時半、閉幕後、日曜日には五時半からオーケストラの定期演奏会や室内音楽会が開催されていた。おそらくある日曜日、旅行中のドイツ人のカメラマンは劇場入り口で二つの異なる聴衆群、観劇を終えた東洋人とこれから入場する西洋人を見いだし、興味をそそられてカメラに収めたのであろう。

これらの公演情報は新聞一紙で入手できるものではない。まず、中国話劇については中国語新聞『申報』、『新聞報』などにしか掲載されない。逆に西洋系の上演予告は英、仏、ロシア語新聞などをみる必要がある。その双方からの情報を統合するなら、一九四三年のある一日の上演状況をつぶさに知ることができる。もちろん中国語新聞ではすべては漢字で表記されており、各劇場名も漢字表記となっている。ライシャムが蘭心に変換されるのと同様に西洋式劇場（映画館）にはそれぞれ中国名がつけられていた。

実はこの二枚の写真にうつしこまれた、東洋と西洋が混在する劇場の様子は文学作品のなかにも登場する。戦前、戦時を通じて数多くの日本人文学者が外地、上海を訪れ、その体験をもとに作品を執筆してきた。当然、ライシャム劇場もいくつかの作品中に登場している。武田泰淳《たけだたいじゅん》（一九一二〜一九七六年）は一九四四年六月に「中日文化協会」という文化工作機関に赴任し勤務した。『上海の蛍』（一九七六年刊、中央公論社、以下の引用は二十四ページより）は小説ではあるが、武田自身の上海体験に即して彼が当時出会った多くの実在の人物の行動や言動が記述されていることから史料としての価値もみとめられている。

小説中、中日文化協会の文化工作に携わる人物（日本軍が接収したオーケストラとバレエのプロデューサー、草刈義人と考えられる）は次のように語る。Eさんとは作家の石上玄一郎、時期は一九四四年と考えられる。

「もう東京には芸術はありませんよ。文化もありません。Eさんみたいな立派な人、みんな東京から追いだしてしまったんですからね。上海には、いや、上海にこそ芸術があるんですよ。白人も東洋人も、ここでは坩堝の中のように煮えたって、溶け合って、新しい何かを創りだしつつあるんです。ライシャム・シアター、小さい劇場です。中国風に読めば蘭心劇場ですがね。あそこで各民族の芸術の粋を集めた祭典を、われわれは創りださなくちゃならない」

彼はそう言っては、ポケットから蘭心劇場の入場券をとりだすのである。そこでは、中国の新劇も上演された。よくも検閲で許可されたな、とびっくりするほどの激しい政治劇もあった。劇中の袁世凱や軍閥たちは、あきらかに日本軍をあらわしていた。(中略)そして彼の自慢する本格的な交響楽団、本格的なバレエが上演され、演奏された。

この箇所は当時の文化状況を的確、簡潔にあらわした文章であり、フィクションでつくられるような文章ではない。武田以外にも作家、ジャーナリストたちがライシャムを作品中に登場させている。作家、阿部知二のようにオーケストラを聴いたり(朝比奈隆の客演指揮にも出会っている)、バレエや中国話劇を観たりと数多くの日本人が戦前この劇場に足を運んでいた。[注2] 当時、一般的な日本人はフランス租界から蘇州河を隔てた虹口《ホンキュー》地区に集住していた。庶民的な下町、虹口を出て、蘇州河にかかる長い鉄橋(ガーデン・ブリッジ)をわたり英租界の壮麗なビル群を通り抜け、瀟洒な洋館がたちならぶフラ

表1　主要劇場名　英語名、中国語名対照表（数字は開館年）

Lyceum (Theatre)	蘭心大戯院	1866	舞台芸術劇場として営業中
Carlton	卡爾登大戯院	1923	
Grand	大光明大戯院	1928	映画館として営業中
Capitol	光陸大戯院	1928	
Nanking	南京大戯院	1930	戦後、上海音楽庁（ホール）として使用される
Cathay	国泰大戯院	1932	映画館として営業中
Metropol	大上海大戯院	1933	
Roxy	大華大劇院	1939	
Majestic	美琪大戯院	1941	

ンス租界に入るにつれこの格調高い劇場に出かける高揚感を感じていたに違いない。

中国人作家についてはさらに多くの作家が蘭心を作品に描きこんできた。上海を舞台に海派文学とよばれる都市のモダンな生活を描いた作品群があるからだ。たとえば、包天笑（一八七六〜一九七三年、作家、編集者、ジャーナリスト）は晩年になって『釧影楼回憶録』に、若かりし頃、留学帰りの友人に連れられ二代目のライシャムを数回、訪れたことを記している。[注3]外国語で上演される英国人アマチュア・ドラマティック・クラブの演劇をみたもののまったく意味不明であったことが記されている。ライシャムとはある時期まで植民地支配の象徴的空間であり中国人には無縁の劇場であった。

一九二〇年代から三〇年代になると、トーキー映画の大流行時代を迎え、上海にはライシャムの二倍を超える客席数をほこる最新式の映画劇場が次々と建ち並んだ（表1）。とくに、グランド・シアター（大光明大戯院）は映画館でありつつも、ライシャムでは不可能な大型公演の劇場として使用されることになる。

表1のほか、Embassy（夏令配克、前身はOlympic）、Rialto（麗都大戯院）、Golden Gate（金門大戯院）、Paris（巴黎大戯院）、Doumer（杜美大戯院）、Lafayette（辣斐大戯院）、Odeon（奥迪安）、Up-town（平安）などの最多時、四十館前後の映画館が営業していた。

一九四一年十二月に太平洋戦争が始まると、租界は日本軍の支配するところとなる。日本にとっての敵性国である米英の映画が上映禁止となり、それまで人気を集めていたハリウッド映画という娯楽を奪われた中国人が新たな娯楽をもとめてライシャムにも向かうようになっていた。一九四二年七月にはライシャム劇場もほかの映画劇場とともに日本軍に接収された。本来なら文化工作、宣伝のために劇場を利用するはずが、劇場経営のための財政負担が重荷になっていた。背に腹は替えられず、当局は劇場の演目に厳しく眼を光らせるよりも必ず切符が売れる中国話劇の常打ち小屋状態を黙認し、抗日色の強い話劇も堂々と上演されるようになった。そこで冒頭の写真のように劇場にかかる公演内容によって客席を占める聴衆が中国人であったり、西欧人であったり、入り口にはられるポスターや看板が中国語であったり、英語であったり、公演内容が中国の演劇になったり、西洋の芸術音楽であったりという状態になった。これこそがライシャム劇場の最大の特徴であった。もちろん、祖国を追われ亡命者として上海に移り住んだ芸術家たちにとってライシャムとは、世界でただ一つ、客席に自らの芸術を届けることができる檜舞台を提供してくれる劇場であった。その劇場はまた台頭する中国人の近代演劇の殿堂というもう一つの顔をもっていた。冒頭のドイツ人の写真はまさにこの劇場がもつ二つの顔を捉えたものであった。

表2　租界の外国人および日本人の人口統計資料　1941年（注4）、1930、1942年（注5）
（単位・人）

	1941年	1930年（共同租界・仏租界内）
ユダヤ系	31,000	—
白系ロシア	29,400	7,366（ロシアとソヴィエト）
英国	6,100	8,440
フランス	3,880	1,406
その他	12,794	—
西欧系外国人合計	83,174	48,812
日本人	94,768（1942年）	18,796
中国人	2,353,664（1942年）	1,393,282

写真にうつりこんでいた劇場に足を運ぶ西欧人とはおそらくこの時期、ユダヤ系あるいはロシア人であった可能性が高い。租界の西洋人の人口や国籍、民族構成を正確につかむことは非常に難しいが、一九四一年のある統計資料（表2）をみるなら、ユダヤ系西欧人と白系ロシア人がおよそ六万人、それに対して、英仏両国をあわせても一万人である。租界のなかの西洋人とは多くの場合、ロシア人、ユダヤ人を指し、東洋人とはそれぞれ最多時には十万の日本人と二三五万を数えた中国人であった。

この劇場の発端にさかのぼろう。ライシャムはもとをたどるなら英国人が故国の文化を極東の地でも享受できるようにと建てたものであった。一八六六年、租界誕生から二十年ほどが経った上海のバンド（黄浦江沿いに壮麗なビルが並ぶ外灘）近くの圓明園路に、英国人が自身の演劇同好会、頭文字をとってＡＤＣと略されるアマチュア・ドラマティック・クラブの舞台上演を目的として西洋式の木造劇場を建設し、翌六七年に開業した。ここでいうアマチュアの芝居とは、シリアスな演劇のみではなく、当時流行したオペレッタやミュージカルの前身である、ギルバートとサリバンのコンビによるコミカルな軽歌劇、サヴォイ・オペラなども含む広い意味での舞台劇であった。[注6] 劇場名をライセアム・シアターと定めたのは、故国ロンドンの名門劇場（初代は一七六五年創建、一八三四年に今日の劇場としてオープン）の名を借りたのである。その後、一八七四年には煉瓦づくりの二代目ライシャムが英国租界内の博物院路に移設され、二代目が焼失したのち、一九三一年二月、劇場は三キロほど離れたフランス租界に移り、鉄筋コンクリートづくりの三代目ライシャム劇場となった。以来この三代目が九十年近く往時の姿をとどめ名門劇場としての存在感を保ちつづけている。ホールは二階建て、客席七四九、オーケストラ・ピットを舞台下に設けると七〇〇余りの小さな劇場ながら、音響のよさ、建築の優美さ、ロビーや楽屋の広さや内装の格調の高さ、当時より冷暖房完備でどの座席からも十分にステージが楽しめるという条件を兼ね備えていた。実際、中に入ってみると設計の巧みさによりどの客席からも舞台が大きくみえる上質の劇場空間となっている。その上、プラタナスの緑が深いフランス租界の一等地というロケーションからほかの劇場とは別格の扱いをうけ、今日なお上海のランドマークとなっている。ちなみに、すぐそばには旧フランスクラブの壮麗な建物と広大な庭園があり、キャセイマンションなど名建築が集まる一角である。徒歩圏には旧ユダヤクラブである上海音楽学院、上海交響楽団事務所とホールがある。まさに芸術音楽の中枢を形成しているブロックである。

この劇場は当初こそ英国人を主とする欧米人向けの劇場として経営されていたが、租界の人口構成と各国のパワーバランスの変化にともない、しだいにロシア人、ユダヤ人、中国人、日本人といった多国籍、多民族の劇場へと変貌をとげることになる。まず一九三〇年代に入ると、映画の勢いが増すなかで一時的に映画上演館となった（一九三一年十二月）。しかし大型劇場との競争が厳しく、元の舞台公演劇場にもどすこととなった（一九三四年五月）。その頃より、十月から翌年五月までの毎週日曜日、年間三十数回のオーケストラの定期公演に加えて、ロシア人によるオペレッタの上演が急速に増えてくる。一九三〇年代後半にはシーズン中、劇場公演数のおよそ三割から五割がロシア・オペレッタで占められる月も出現した。なぜならオペレッタは連続公演となり、少なくとも三夜、多ければ五夜以上のロングランとなっていたからである。開演時間にはきまりがあり、オペレッタの開演時間は夜九時十五分からと遅く設定されており、日曜日には夕刻五時十五分からのオーケストラ定期公演が終了してから、オペレッタ公演が始まった。これはオペレッタのファンであるロシア人労働者が仕事を終えて駆けつけることができる時間設定であった。

音楽やバレエ・ファンは日刊新聞の劇場広告欄をチェックし、ライシャム劇場に出向いていたのであろう。とはいっても広告の大半は映画やダンスホールに占められ、芸術公演についてはよほど注意深く探さないとうっかり見逃す恐れがあった。切符は劇場前の老舗の楽器、ピアノ取扱店であるモートリー商会（モートリー（Moutrie）はピアノ製造会社名でもある）あるいは劇場で扱っていた。

では、当時の新聞紙面からどのような上海の日常や劇場生活が浮かび上がるのだろうか。一九三九年のとある一日、四月七日を例に英字日刊紙、『ザ・チャイナ・プレス』を開いてみよう。

まず、第一ページはどの新聞も必ず政治面となる。一九三九年四月、租界は比較的穏便な日々が続いていた。冬のあいだ、ヨーロッパからのユダヤ難民一万五〇〇〇人以上が上海に到着、租界の民族構成に変化をもたらし、かつ日本軍が着々と大陸侵攻を企てていることがわかる。第二ページになると記事のなかにいきなり大きな広告が登場する。シロス（Ciro's）とパラマウント（Paramount）という二つの人気ダンスホールの広告である。シロス（中国語名は仙楽斯）は冷暖房完備のモダンで壮大な建築が眼をひく最高級ダンスホール（クラブ）であり、ユダヤ人資本家サッスーンによってつくられた。パラマウントとはシロスと双璧をなす中国資本による豪華ダンスホールであり、百楽門《パイローメン》という中国名でも知られる。広告のなかに大文字でポリス・ラグ・マフィン（POLICE RAG-A-MUFFIN）とあるのはパラマウント名物のマフィンのように弾力のある床と警備がついていることを意味している。この時期、租界内では各国および中国国内の勢力争いから発砲事件など不穏な事件が相次いでいた。第二ページ以降はソヴィエトなど国際社会の動向を含む社会面、世界と上海の情報が載る経済面、船舶運航面などが続く。女性のページというものもあり、欧米発最新ファッション情報は人気ページである。どの紙面にも必ず商品などの広告が挿入されるが、娯楽広告でもっとも面積が大きくとられているのが劇場ごとの映画広告である。この日は第四ページにグランド・シアターの近日公開作《More Than A Secretary》が俳優の写真とともに掲げられている。注目されるのは小さな文字の「カラー・アニメーションも放映されます」という注記である。カートゥーン（中国語では卡通、カートン）は早くも一九三〇年代初めに米国製アニメーションが上海に上陸、ウォルト・ディズニーのミッキーマウスは一九三三年春には公開されており、その後上海の大人気アニメとなっていった。[注7] アジアで初のトーキー長編アニメーション《鉄扇公主》（一九四一年製作、八十五分の長編作品）が上海で誕生した背景には、米国と直結するアニメ上映環境があったからであろう。

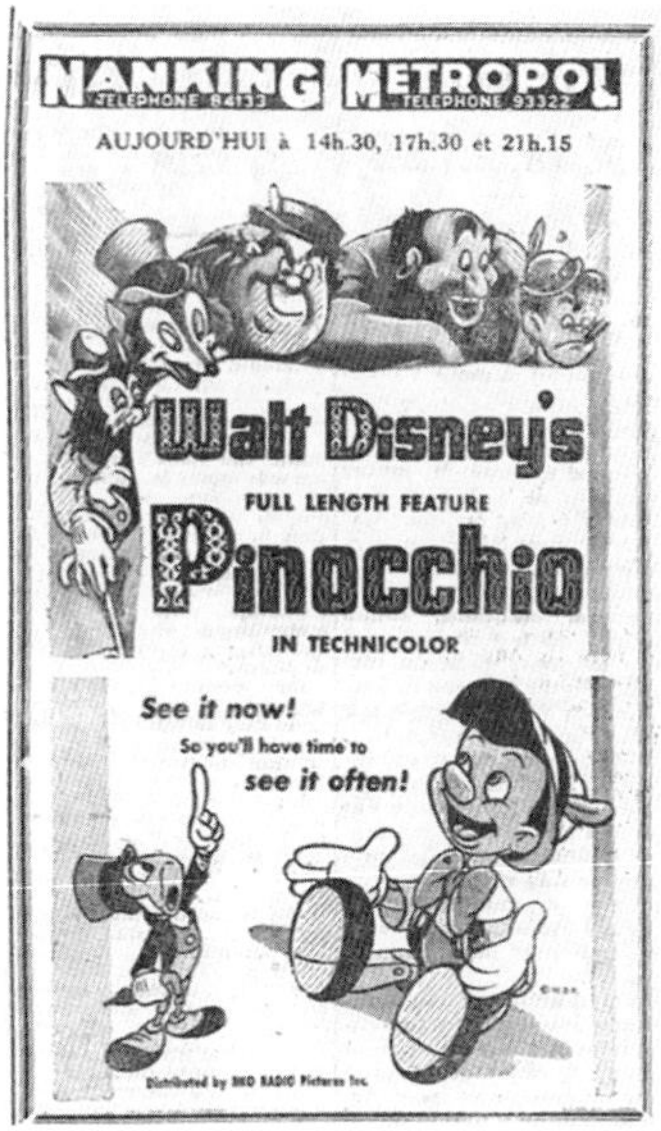

画像 6　ディズニー長編カラーアニメ《ピノキオ》の広告（米国公開からわずか２ヶ月後に上海で公開）、1940年４月29日 LJDS

画像5　現在も営業中のパラマウント(百楽門ダンスホール) 2015年筆者撮影

グランド・シアターと同じ大きさの広告を出し、人気のほどをうかがわせるのが高級ダンスホールのファーレン（Farren）である。「自慢のファーレン」（We are proud of Farren）と大きなフォントがおどり、「上海でもっとも輝く人々が集まる場所だから」と宣伝文句がそえられている。実際、ファーレンこそダンサーもあこがれる最新式のホールであり、そこで伴奏をつとめていたのはドイツから逃れてきたオットーとヴァルター・ヨアヒム兄弟であった。オットーは後にカナダのモントリオールで作曲家、ヴィオラ、ヴァイオリン奏者として活躍する。弟ヴァルターはヴィオラ奏者である。租界内の四十を超えるダンスホールではジャズ・バンドに加えてパリやヴィーンからの亡命者がヨーロッパ仕込みの軽音楽を奏でていた。

そして第五ページになってはじめてライシャム劇場における、ヴィーンから東京に亡命中だったレオ・シロタ教

画像8　劇場広告欄　上海バレエ・リュスとオーケストラの定期公演の広告　1935年2月23日『ザ・チャイナ・プレス』

画像7　ダンス音楽用の典型的な小型オーケストラ（ヴァイオリン、ギター、コントラバス、ドラムス、アコーディオン）　1934年3月25日LJDS

授のピアノ・リサイタルの広告が登場する。オーケストラやリサイタル、オペラなど芸術音楽はこのライシャムを専用劇場として使用するのが常であった。このように全十八ページからなる紙面のほとんど毎ページに広告が掲載され、映画とダンスこそが上海の娯楽の中心であり芸術音楽は唯一ライシャムだけで供されていたことがわかる。もっとも外来アーティストによる大型公演にはグランド・シアターなど映画大劇場が使用された。

　ジャンルや言語を異にする公演のチケット料金はシートによって異なるが、表3のように設定されていた。

　ちなみに最高級ダンスホール、シロスのディナーが五ドルであることや、外国映画が二十セント〜八十セント前後であることを比較材料とするなら、ライシャムの入場料金はやはり外国人水準であり、けっして安価ではなかったことがわかる。とはいえ、オペレッタファンのロシア人に対しては一定の配慮があったとみ

表3　1937年3月のライシャム劇場チケット料金

工部局オーケストラ	一般席　2ドル　1.5ドル　補助席1.6ドル
工部局オーケストラ（受難曲特別演奏会）	一般席　3ドル　2.5ドル　補助席　2ドル　1ドル
ロシア・オペレッタ	2.5ドル　2ドル　1.5ドル　1ドル　50セント
バレエ・リュス（ロシアバレエ）	1ドル～3ドル
ミーシャ・エルマン・リサイタル	6ドル　4ドル　2ドル
アマチュア・ドラマティック・クラブ（ADC）	特別公演　3ドル

てとれる。

一九三〇年代後半よりライシャムを拠点劇場にしていたのは四つの団体であった。英国人のアマチュア・ドラマティック・クラブ、定期公演を開催していた工部局オーケストラ、そしてロシア人によるバレエ・リュスとオペラ（オペレッタ）団である。なかでも工部局オーケストラは秋から翌年春にかけてのシーズン中、毎週日曜日午後五時十五分から必ず演奏会を開いていたうえに、バレエとオペラの伴奏を行うなど、「ライシャム劇場付オーケストラ」といえる存在であった。

二　工部局オーケストラ

ライシャム劇場を根拠地としていた工部局オーケストラ（The Shanghai Municipal Orchestra）とはアジアにあって西洋人により構成された楽団である。早くも一八七九年にその前身である上海パブリックバンドが結成され、フランス人やドイツ人が指揮者となるが、一九一九年に巡業途上のイタリア人ピアニスト、マリオ・パーチが請われて指揮者となり、イタリアなど欧州から優秀な演奏家をスカウトすることにより一九二二年、工部局オーケストラとしての陣容を整えた。パーチ以前はフィリピン人団員が多かったのである。名称からもわかるように、工部局の税金によって運営される公的楽団であった。一九三〇年代になるとハルビンやロシアから多くの演奏家が入団し、それ以前のフィリピン人メンバーと入れ替わることになる。優秀な亡命音楽家はライシャムにほど近いコンセルヴァトワール（一九二七年創立、中国初の国立音楽院、現在の上海音楽学院）にも雇用された。彼（女）らは音楽院とライシャムのあいだを行き来し、当然ながら中国人学生たちもライシャムでの演奏会に足しげく通った。音楽院で学んだ五名の中国人学生がオーケストラに実習生として加わったのは一九三五年のことであった。

オーケストラは秋から翌年春までのシーズン中は毎週日曜日の定期演奏会、夏季には野外演奏会を公園で開催した。ほかにもクリスマスや復活祭などの特別演奏会、外国人学校への出張演奏や、虹口地区の日本人向け演奏会、ときには富裕な個人がスポンサーとなる演奏会もあった。ラジオ放送が始まると放送用演奏を行っていた。演奏曲目は当初、古典、ロマン派の名曲やイギリス、イタリアなど租界と関わりの深い国の作曲家をとりあげていたのが、一九三〇年代になるとロシアの作曲家、イタリアの同時代作曲家の作品が増え、二〇世紀のモダニズムを意識した選曲へと変化をみせはじめる。復活祭やクリスマス、作曲家の生誕、没後記念といった特別演奏会や海外からやってくる一流ソリストとの協奏曲など充実した演奏会が催され、ふだんとりあげにくい大規模編成、合唱付きなど挑戦的なプログラムも増えていった。一九三六年にはベートーヴェンの第九やハイドンの《天地創造》が演奏されたが、これら一〇〇名規模の合唱団をともなう演奏はライシャムではなくグランド・シアターでの公演となった。毎年の工部局への報告書には一年間の活動報告が掲載され、収支や団員の給料、上海初演曲目や特筆すべき演奏会、演奏家についての報告がなされていた。

パーチ時代にはフランス作品、イタリア作品、ヴァーグナーといったテーマをたてての演奏会も開催され、配布されるプログラム・ノートは「アナリティカル・ノート」（英文）として楽曲についてのかなり専門的で詳しい解説が掲載されていた。

第二章で述べるように、一九三九年の一年をとっても、作曲されてまもない多くの作品が本国より楽譜をとりよせ演奏されていた。一九四〇年に入るとドイツ・ナチの迫害から逃れた一流演奏家も入団するようになる。コンサート・マスターのフェルディナンド・アードラーは輝かしい受賞歴や演奏歴をもつヴァイオリニストであったし、ウォルフガング・フレンケルはヴァイオリン、ヴィオラの双方が担当できる前衛的な作曲家であった。こうしてロシア人、ドイツ系ユダヤ人がそろった四〇年代がもっとも楽団が充実した時期であり、それは亡命、避難という究極の選択によって上海にやってきた音楽家たちによってもたらされた楽団の充実であった。

一九四五年八月、日本敗戦とともに、国民党の支配が始まったもののオーケストラは存続し依然としてライシャムで演奏を続けていた。一九四八年まではアリゴ・フォアら残った外国人によって演奏会が開かれていた。一九四九年、中華人民共和国が成立するとオーケストラは名称を「上海市人民交響楽団」と変え、外国人メンバーが次々と去り、アジア最古の楽団は中国人によって引き継がれることになった。少なくとも一九五〇年代までオーケストラは常にライシャムとともにあった。

この劇場の聴衆は租界の人口構成を反映し、多国籍、多民族であることが最大の特徴であった。その聴衆の多言語性を示すのが当時のオーケストラ定期公演のプログラムである。長くオーケストラ定期演奏会のプログラムは英文と定まっていた。しかし一九四一年十二月の太平洋戦争開戦以後、租界の実質統治者は日本軍となった。そのため、一九四二年六月以降、オーケストラは日本に接収され「上海音楽協会（Shanghai Philharmonic Society）」のもとに置かれ、楽団名も上海交響楽団（Shanghai Philharmonic Orchestra）と変更された。そしてプログラムは英語、日本語、中国語で記されるようになる。もちろん曲目解説も同様に三ヶ国語で記された。中国語のプログラムおよび解説が登場したことは、中国人聴衆が増加したことの証である。そのうえ、ソリストに中国人を登用すること、あるいは日本人、中国人作曲家の楽曲をプログラムにとりあげるといった変化も三〇年代後半から四〇年代には見いだせる。とくに一九四一年以降は日本軍部の文化工作の意図にそった中国人登用、邦人作品の演奏が多くなった。

一九四五年、日本敗戦直前のバレエ・プログラムのなかには英語、日本語、中国語三ヶ国語から日本語、中国語だけのものも出はじめていた。戦争末期のオーケストラ定期演奏会のプログラムは、一層興味深い。英語と中国語の二ヶ国語で表記されているのである。英語でプログラムを示し、作品解説は中国語（陳昌寿が執筆、彼は陳歌辛という名をもつ人気流行歌の作曲家でもあった）、といった具合である。これは戦争末期、聴衆が、一九四三年に連合国側の英米人が敵国人集団生活所に強制収容されたことにより、中国人に入れ替わったことを示している。

プログラムこそ、当時の多言語、多民族状況をイメージする助けとなってくれる。《ペトルーシュカ》

のプログラムは一九四四年六月という時期に劇場に集った各国の聴衆を反映している。

プログラムの変遷（上海交響楽団資料室所蔵）

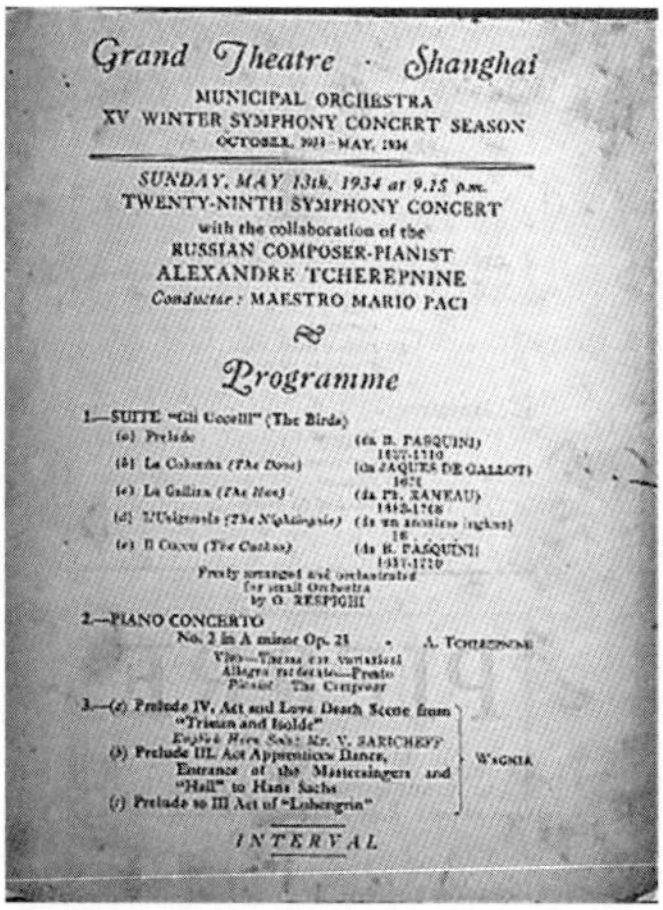

Grand Theatre · Shanghai
MUNICIPAL ORCHESTRA
XV WINTER SYMPHONY CONCERT SEASON

SUNDAY, MAY 13th, 1934 at 9.15 p.m.
TWENTY-NINTH SYMPHONY CONCERT
with the collaboration of the
RUSSIAN COMPOSER-PIANIST
ALEXANDRE TCHEREPNINE
Conductor: MAESTRO MARIO PACI

Programme

1.—SUITE "Gli Uccelli" (The Birds)
(a) Prelude (da B. PASQUINI)
(b) La Colomba (The Dove) (da JAQUES DE GALLOT)
(c) La Gallina (The Hen) (da PH. RAMEAU)
(e) Il Cucu (The Cuckoo) (da B. PASQUINI)
by O. RESPIGHI

2.—PIANO CONCERTO
No. 2 in A minor Op. 21 A. TCHEREPNINE
Pianist: The Composer

3.—(a) Prelude IV. Act and Love Death Scene from "Tristan and Isolde"
English Horn Solo: Mr. V. SARICHEFF
(b) Prelude III. Act Apprentices Dance, Entrance of the Mastersingers and "Hail" to Hans Sachs
(c) Prelude to III Act of "Lohengrin"
WAGNER

INTERVAL

画像９　第29回定期演奏会（アレクサンドル・チェレプニン協演）のプログラム　1936年5月13日

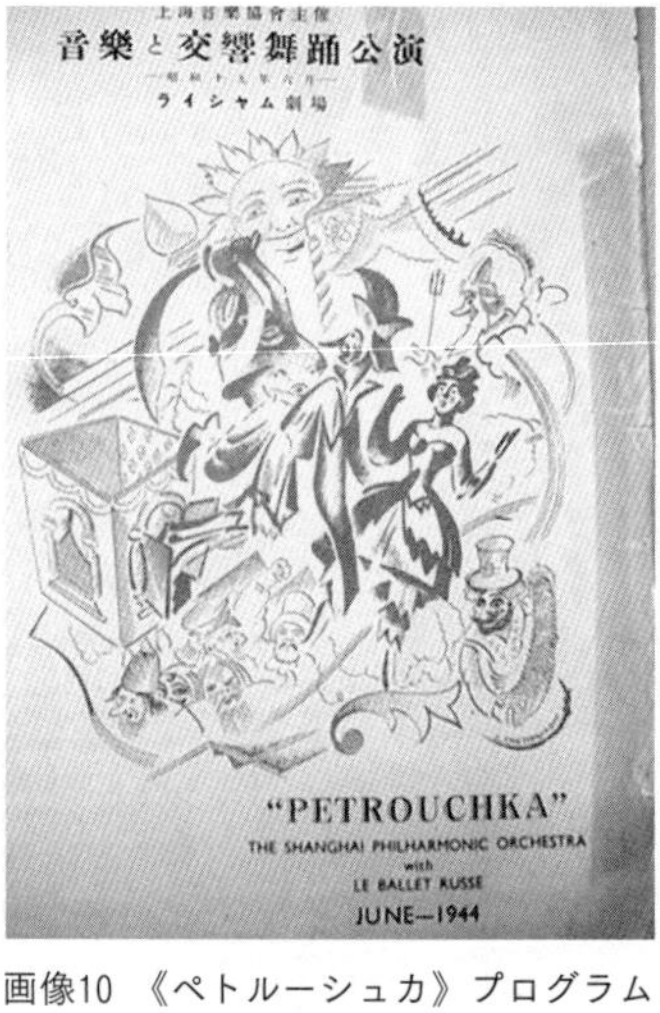

画像10　《ペトルーシュカ》プログラム表紙（日本語と英語）1944年６月

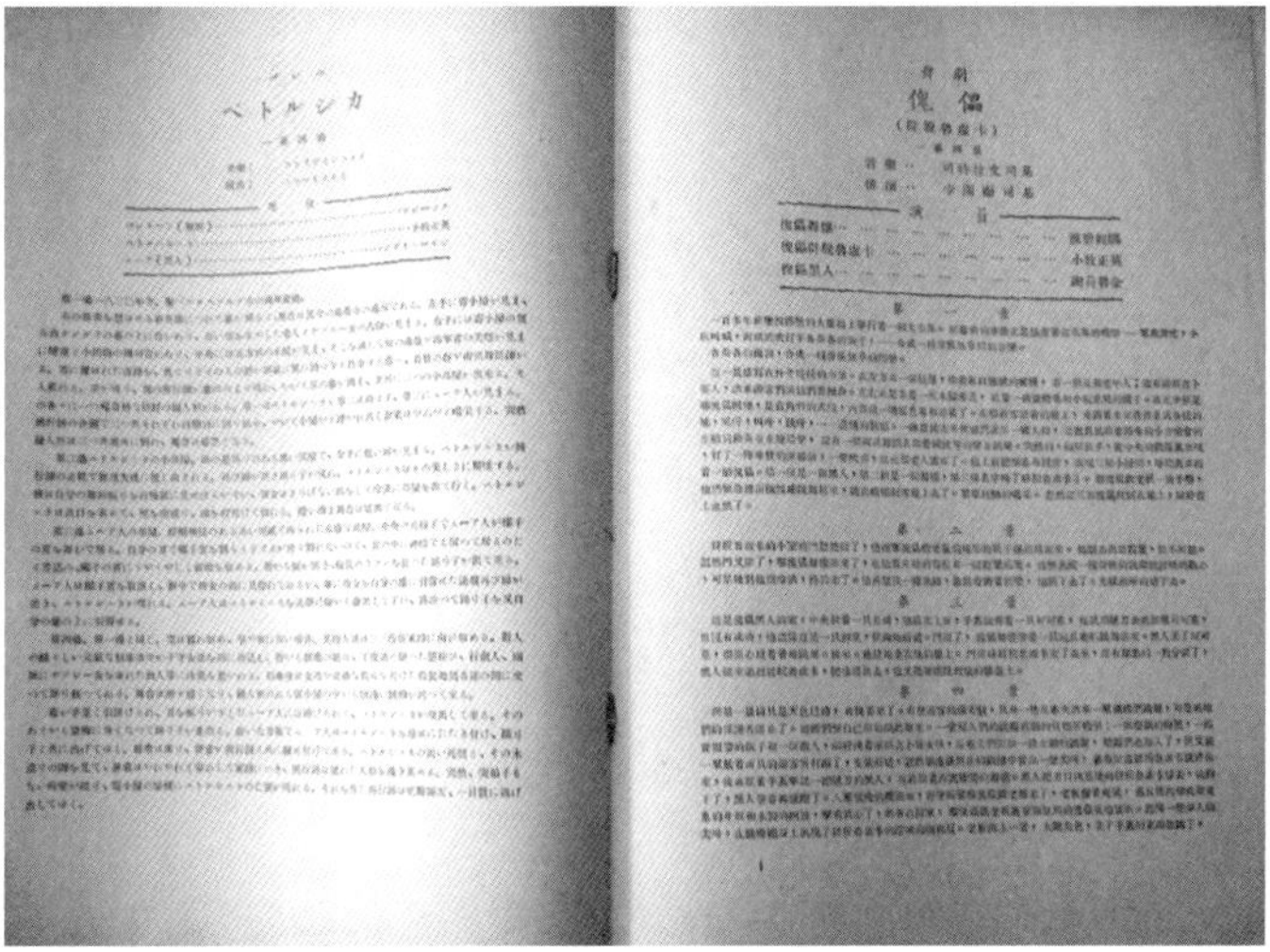

画像11　《ペトルーシュカ》の解説（画像10の中面）　左：日本語「ペトルシカ」
右：中国語「傀儡」

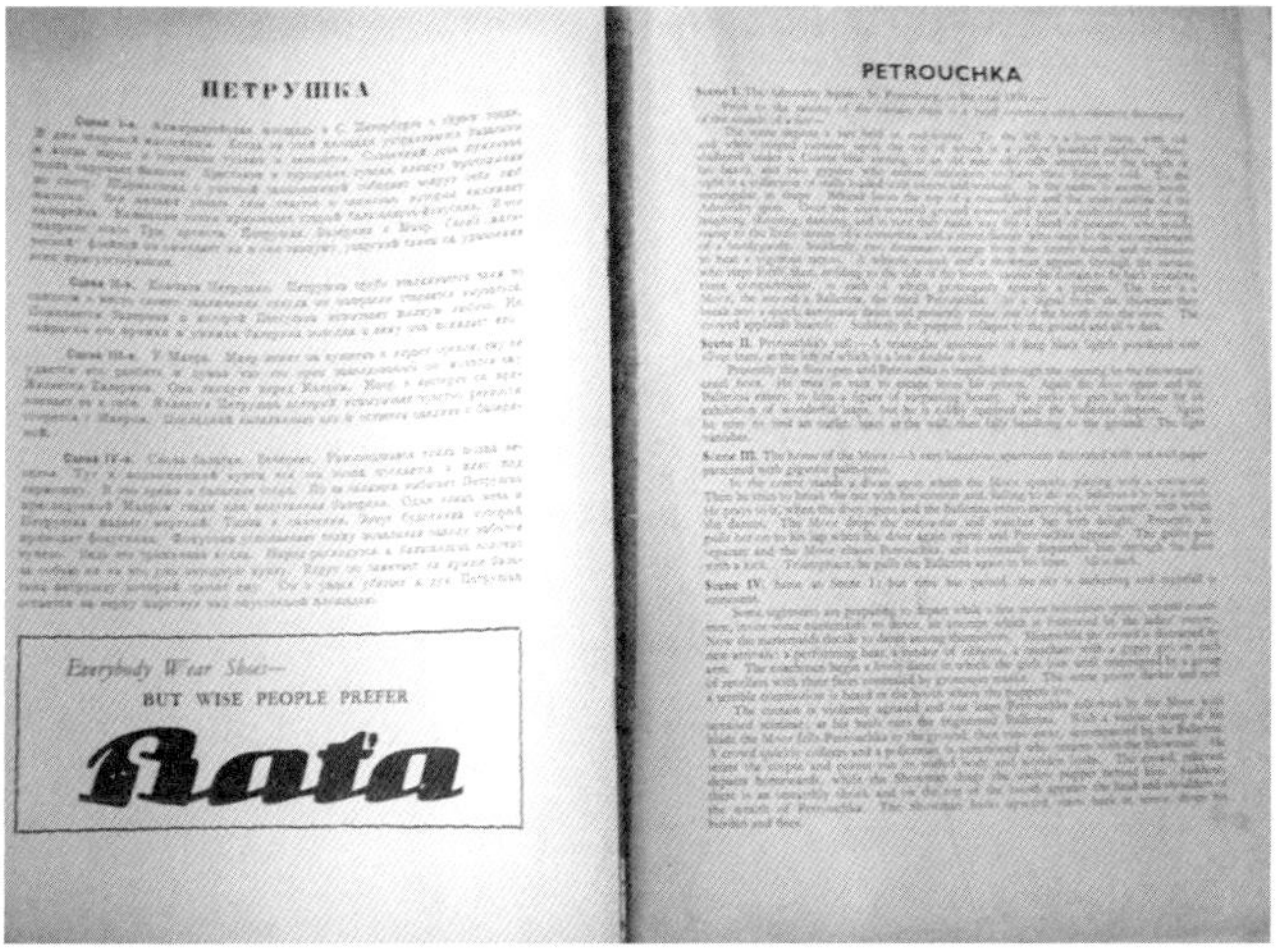

画像12　《ペトルーシュカ》の解説（画像10の中面）　左：ロシア語「Петрушка」
右：英語「PETROUCHKA」

三　租界終焉に向かって沸き立つ劇場

一九二〇年代末にハルビンから移住するロシア人が増え、それにともないライシャムではロシア・オペレッタとバレエの公演が増えつつあった。一方、一九三〇年代には、グランド（大光明）、キャセイ（国泰）、ナンキン（南京）、マジェスティック（美琪）など客席が千数百といった大型劇場が十を数え、そのほか、中小劇場が乱立する時代にあった。しかし、ライシャムだけは一年足らず映画上映館であった時期はあるものの、舞台芸術の中心でありつづけた。そしてついに日中戦争後、劇場の管理は日本軍の手にわたり（正確には一九四二年七月に接収、しばらく休業したのち同年九月に営業を再開）、一九四二年にはオーケストラも日本軍傘下におかれた。軍の検閲こそあれ、その劇場活動においては、稼働率をあげることが奨励されていた。そして音楽家やダンサーたちは急激なインフレや物資不足の苦境のなかにあっても妥協のない上演活動を継続していた。

一九四四年十月から翌年五月までの租界最後のシーズンはことに力のこもった演目が続けられた。八ヶ月のあいだに毎週日曜日のオーケストラ定期演奏会、バレエ・リュスの《コッペリア》《火の鳥》などの連続公演、ロシア・オペレッタとオペラ《リゴレット》《ファウスト》《カヴァレリア・ルスティカーナ》、演奏家や歌手のリサイタルなど西洋系の多彩なジャンルが並ぶなか、それらと拮抗するかのように中国人による演劇、音楽会も着実に公演回数を増やしていた。とくに話劇は、《文天祥》[注8]の半年以上のロングランという記録は別格としても、長い場合一ヶ月以上のロングランとなり、一日に昼夜複数公演もあり、いずれも満席の人気をよんでいた。これは租界が内戦から隔てられた安全地区であったことによる中国人の人口激増と、かつて人気を集めていたハリウッド映画の上映禁止、かつ話劇では歴史物語をかりつつも反日愛国主義的な内容がとりあげられ、爆発的な人気を集めたことによる現象であった。話劇《文天祥》のヒットはその最たるもので、南宋末、元軍の攻撃を前にした宋の将軍、文天祥が国を守るために奔走し、最後は殉死する一代記であった。《文天祥》のセリフはそのまま日本に侵略される中国の苦境に重ね合わせて聴衆に届けられた。こういった話劇人気によって劇場経営が支えられていた。毎週日曜日ともなると、多い場合、午前に話劇、午後五時十五分より音楽会、それが終わると九時過ぎよりバレエといった三公演立てが行われていた。演目により聴衆もがらりと入れ替わることを考えると、一つの劇場空間が時間帯によって言語も民族も完全に入れ替わっていたことになる。

戦争末期になるほどに一日あたりの公演数が増えていくのは、いよいよ戦争が終わるという予感のなかで日本軍が力を失うのと反比例して中国人の舞台活動がかりたてられたからであろう。そういった劇場フル稼働の具体例をあげておこう。

●一九四四年四月二十三日（日曜日）の公演スケジュール[注9]

午前中　人形劇《長生殿》招待公演
午後二時　人形劇《長生殿》
午後五時半　上海交響楽団第二十三回定期演奏会
夜、時間不明　京劇《捉放曹》《大登殿》《三堂会審》など

●一九四四年十二月四日（月曜日）の公演スケジュール
午後一時半　話劇《袁世凱》
午後三時　話劇《人生大事三部曲》
午後五時半　上海音楽専科学校学生音楽会
午後七時半　話劇《袁世凱》

●一九四五年二月二十四日（土曜日）の公演スケジュール
午前十時　話劇《富貴浮雲》
午後五時一五分　歌舞劇《春之歌》（上海歌楽社）
午後七時半　バレエ《火の鳥》（上海バレエ・リュス）
（バレエの後に話劇《黄金万両》が上演された可能性あり）

ちなみに、一九四四年一月二日の日曜日、内地、大阪から呼ばれた当時三十五歳の朝比奈隆がこの期、三度目のライシャム、上海交響楽団の指揮をとった際も少なくとも一日に三種類の公演が重なっていた。まず、午前十時から「上海口琴（ハーモニカ）会成立六周年大会」が開かれ、午後五時半からオーケストラの第七回定期演奏会が、それが終わってのち、前年からロングラン中の《文天祥》が上演されていたはずである。また翌週の日曜日、九日には話劇《文天祥》が先で、午後五時半からオーケストラの第八回定期演奏会、その後、夜八時からバレエ・リュスの《眠りの森の美女》という構成である。ということは、朝比奈が定期演奏会を振りおえたのち、ロシア人バレエ・ダンサーと舞台を交替したことになる。楽団員はそのまま舞台からオーケストラ・ピットに移動し、バレエの伴奏を行った。バレエとオーケストラがその日のうちに入れ替わりフル回転する劇場というものを彼は生まれてはじめて体験したことであろう。

劇場が創建された当時、劇場は中国人にも開放されていたとはいえ、中で上演される英国人の演劇を高い切符を買ってみようという奇特な中国人はほとんどいなかった。しかし太平洋戦争による日本軍接収を受け、劇場は租界の現状に即した経営方針をとるようになっていった。そして一九四二年以後、劇場は中国話劇や中国系の演目の増加によって経営が維持され、バレエや音楽は話劇などの合間にはさまれる位置づけとなった。劇場の裏方は話劇の幕が下りるやいなや舞台を片づけ、客席の前面にオーケストラ・ピットをこしらえ楽器を配置といった目の回るような早業で舞台転換を行っていたはずだ。楽屋では化粧を落とす俳優と衣装をつけるダンサーがかちあい、通路は大道具、小道具の移動でてんやわんやの騒ぎになっていたであろう。しかも各演目の出演者は国籍もさまざま、言語も異なる。舞台監督は各国語でがなりたて客席からもさまざまな言語のブラボー、ハオッ、ときにはウラー、がとびかったはずである。このような劇場の繁栄はいつ爆弾が落ちてくるかもしれない不安とインフレ、物資不足の日々から生み出されていたのであった。太平洋戦争期には外国語新聞のほとんどが停刊し、ヴィシー政権のもとにある仏語新聞『ル・ジュルナル・ド・シャンハイ』[注10]と日、中の新聞のみが発行されていた。ページ数も最盛期の数分の一になり紙質も劣悪、活字も不揃いで読み取りにくいものである。そのような状況下、劇場広告欄には演奏会広告がかろうじて掲載されていた（画像13）。

画像13　1943年12月19日朝比奈隆指揮、上海交響楽団第５回定期演奏会広告　1943年12月17日 LJDS

戦争末期、ライシャムはその歴史のなかでも空前のにぎわいと輝きをみせていた。

一九四一年一月～一九四五年八月までのライシャム劇場ジャンル別使用状況[注11]

●西洋系

・芸術音楽　計二二四回

オーケストラ定期演奏会　一二三回

右記以外の演奏会（室内楽、個人リサイタルなど）一〇一回

・オペラ・オペレッタ　計六十八回

このうち、オペラは三十一回　中国人歌劇団による公演　五回

・バレエ　一二三回

上海バレエ・リュス　九十八回

右記以外　二十五回

・西洋演劇　十八回

画像14　ライシャム劇場、バレエ《ペトルーシュカ》の伴奏をするオーケストラ（指揮はスルーツキー）、1944年６月（上海交響楽団資料室所蔵）

●中国系ジャンル
・話劇　計七四八日（昼夜二公演など一日複数回上演もあったため上演回数は日数以上にのぼる）
　上演日が多かった話劇の演目は《文天祥》一八六日、《香妃》六十五日、《武則天》五十七日、《袁世凱》四十三日、《秦淮月》四十二日
・京劇など中国伝統劇　四十回（うち人形劇六回）

四　ライシャム劇場と大阪朝日会館

上海のライシャムと大阪朝日会館[注12]（會舘）は一九三〇年代、巡業のルートでつながっていた。というのも第四章でとりあげる上海在住の興行主、A・ストロークのマネジメントによるアジア・ツアーがさかんに行われていたからである。彼は欧米の一流アーティストを招きアジアの港湾都市を航路にそって巡業するアジア・ツアーを実施し、その拠点のなかに上海と大阪、東京を必ず組み入れていた。大阪では大阪朝日会館（一九二六～一九六二年）が、東京では帝国劇場、のちに日比谷公会堂が、上海では音響のよさからライシャム、あるいは大型公演には席数が多いグランド・シアターなどの映画劇場が使われることが多かった。

たとえば一九三七年のエルマン（ヴァイオリニスト）の足跡をたどるなら、同年一月三十、三十一日、二月二日、四日、大阪朝日会館にてリサイタル、日本国内をまわったのち上海に上陸、ライシャム劇場に同年三月十六、十八、二十日登場、リサイタルを開いている。ほかのアーティストについても同様に一ヶ月前後をかけた日程で日本と上海を往来していたことがわかる。今日のような弾丸ツアーではなく、船での移動は前後に名所見物もとりいれた優雅なツアーであったようだ。ちなみにエルマンは、この当時によくみられた、航路の復路に再び公演を行う凱旋公演を行っている。上海からハルビンなど中国各地をまわり、同年四月に日本に再び上陸し、告別演奏会を開いている。このときの会場は大阪朝日会館ではなく中央公会堂が使用され中央交響楽団（指揮：ロベール・ポラック）との協演となっている。上海でも同様の劇場使い分けが行われており、工部局オーケストラとの協演はライシャムではなく大型のグランド・シアターなどで行われていた。上海ではライシャムあるいは大型映画劇場、大阪では大阪朝日会館あるいは中央公会堂という組み合わせが上海と大阪の会場モデルとなっていた。

上海の外国語新聞で大きくとりあげられるアーティストは大阪では新聞以外に『会館芸術』(『會舘藝術』)という大阪朝日会館発行の機関誌の表紙や記事でとりあげられていたため、上海と大阪の双方で同じ写真をもとに記事が掲載されていたり、大阪にしかない写真を見いだすこともできる。たとえばモダン・ダンスのサハロフ夫妻やルース・ページとハラルド・クロイツベルクを英、仏語新聞と『会館芸術』の双方で写真を確認することができる。『会館芸術』はストローク自身についても彼の素顔を伝えてくれており、弟オスカーとの珍しい会食風景などが掲載されている。記事からはストロークが日本人によく知られていたこと、彼の英語がブロークンなものであったことや、ベーコンが苦手だったこと、相手が音楽好きであるなら気前よく誰かれとなく馳走していたことなど、上海の新聞からはうかがいしれない素顔が記されている。さらに大阪にはストロークがプロデュースした公演のプログラム冊子が比較的よく残っている。上海が租界消滅、内戦、「文化大革命」などの政治闘争によって資料が残りにくかったことをおもえば、大阪の資料は上海の外国語新聞から得られる情報を補完する役割をはたすことが期待できる。

巡業するアーティストにとってみれば、大阪と上海はどちらが先になったとしても連続する公演先であり、大阪朝日会館とライシャムは演奏家にとって、新興都市の日本人聴衆と落日の植民地の西欧人聴衆というコントラストをもって印象づけられたかもしれない。興行主ストロークは一九三〇年代に入る

画像15　ルース・ペイジとハラルト・クロイツベルク　1934年５月18日『ザ・チャイナ・プレス』

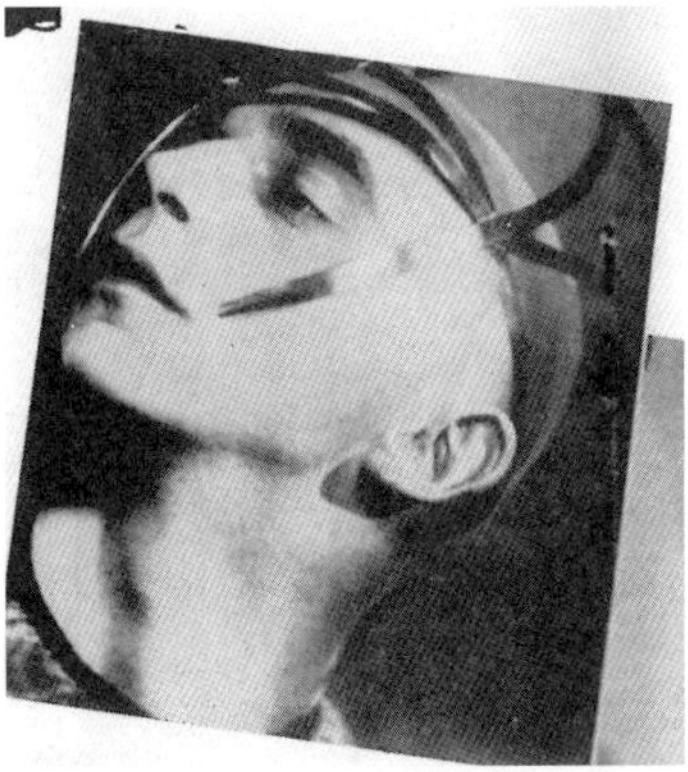

画像16　ハラルト・クロイツベルク（『会館芸術』 1934年４月号 :19ページ）

と、ビジネスの中心を上海から東京、大阪に移そうと考えていた。朝日新聞社や財界人のサポートがあり、熱心な洋楽ファンが多い日本に魅力を感じ、欧米人人口の減少や興行の後ろ盾がない不安定さから上海の限界を痛感していたからだ。ストロークは日本への愛着を深め、タンゴ作曲家の弟オスカーを日本に呼び、日本で暮らすよう本気ですすめたほどであった。戦争ゆえの長い活動の中断を経て、彼が十四年ぶりに戦後は飛行機で日本に降り立ち、戦災をまぬがれた大阪朝日会館にさっそうと登場したのは、一九五一年九月二〇日、世界的ヴァイオリニスト、メニューヒンをともなってのことであった。

もう一つ、ライシャムと大阪朝日会館を結ぶものは「バレエ」である。上海バレエ・リュスはその拠点をライシャムと定め公演を行っていた。当時、練習も三階で行われていたという。小牧正英はこのバレエ・リュスに参加し、日本軍がバレエ団や劇場そのものを接収して後には日本側の

画像17　大阪朝日会館でペトルーシュカを踊る小牧正英
小牧バレエ団大阪公演《ペトルーシュカ》プログラムより　1950年12月（大阪朝日会館）（大阪音楽大学旧音楽博物館所蔵・以下、OCMM 所蔵と略記）

代表という役割をひきうけていた。かつ、バレエ団唯一の日本人ダンサーとして主役級の扱いを受け、一九四二年以後の、《牧神の午後》、《コッペリア》、《ペトルーシュカ》、《火の鳥》といった作品に出演していた。戦後、小牧がいちはやく日本でバレエ活動を起こしたとき、そのパートナーとなったのが上海時代を知る朝比奈隆であった。朝比奈は小牧バレエ団が大阪朝日会館で行った上海時代のレパートリーを一九四七年の《コッペリア》、一九五〇年の《ペトルーシュカ》など、自ら率いる関西交響楽団で伴奏している。小牧と朝比奈にとって、上海時代のライシャムの舞台と戦後の大阪朝日会館のステージには連続した時間が流れていた。

戦後の大阪朝日会館とは異なり、ライシャムがたどった運命は苛酷であった。一九四五年夏以降、上海に残ったロシア人などと中国人音楽家による上演活動が続いていたが、国共内戦そして一九四九年、中華人民共和国建国という激動の時を経て一九五二年、植民地時代の名を捨て「上海芸術劇場」と劇場名の変更を余儀なくされる。共産党が掲げる文化政策のもとで租界時代の記憶を一つ、また一つと抹消していく時代が始まった。とくに一九六六年、上海から始まった十年におよぶ「文化大革命」中、西洋文化は徹底的に批判、排除され、ライシャムで活躍した中国人ソリストや音楽家たちはことごとく烈しい批判にさらされ、その生命すら保証のかぎりではなく命を落としたものも少なくなかった。しかし、混乱のなかにあっても、劇場は無傷のまま旧フランス租界のカルディナル・メルシエール通り（現、茂名南路）に残り続けた。劇場が由緒ある蘭心＝ライシャムという租界時代からの名称をとりもどすのは、改革開放政策がとられた一九九一年のことであった。その後の急速な経済成長をうけ次々と大型音楽ホール（上海音楽ホール、東方芸術センター、上海交響楽団音楽ホールなど）が建設されるなかにあって、オーケストラや著名アーティストのリサイタルがライシャムで開催されることはなくなった。しかし今日なおライシャムは演劇や中国伝統音楽、室内楽などに適した劇場として現役であり、上海における由緒ある一流劇場としての矜持を保ち続けている。蘭心とは上海人にとってほかのホールとは比べようのない特別な場所なのだ。

一五〇年にわたるライシャムの歴史は英国租界、フランス租界、日本軍支配、国民党支配、人民共和国建国後と上海の近代史そのものであり、いかなる国家にも属さない多民族、多言語に満ちた二〇世紀前半の劇場空間は上海租界そのものを映す鏡であった。

画像18　1931年のライシャム劇場　1931年7月5日 LJDS

画像19　現在のライシャム劇場　2013年3月筆者撮影

画像20　ライシャム劇場ロビー　2013年３月筆者撮影

注

（1）ベルリン生まれのドイツ人、ヴェルナー・フォン・ボルテンシュテルン（Werner von Boltenstern、一九〇四～一九七八年）が一九三七年から一九四九年のあいだに撮影した上海における亡命ユダヤ人の日常生活をとらえた膨大な数の写真は一九六七年にロヨラ（Loyola）大学に寄贈され、現在、大学ウェブサイトにデジタルコレクションとして公開されている。ライシャム劇場入り口前の欧米人聴衆と東洋人観客を捉えた二枚は一九四三年二月か三月に撮影されたものである。URL:http://digitalcollections.lmu.edu/cdm/landingpage/collection/sjrc

（2）大橋毅彦　二〇一七年『昭和文学の上海体験』東京：勉誠出版社。

（3）瀬戸宏　二〇一五年「蘭心大戯院與中国話劇」大橋毅彦、趙怡、榎本泰子、井口淳子編『上海租界與蘭心大戯院』上海：上海人民出版社、二二〇～二三一ページ。

（4）高綱博文編　二〇〇五年『戦時上海―1937-45年』東京：研文出版、三十一ページ。

（5）上海租界誌編纂委員会編　二〇〇一年『上海租界誌』上海：上海社会科学院出版社、一一六～一一七ページ。

（6）藤田拓之　二〇一五年「上海の外国人社会とライシャム劇場」大橋毅彦、関根真保、藤田拓之編『上海租界の劇場文化 ― 混淆・雑居する多言語空間』東京：勉誠出版社、七～二十三ページ。

（7）秦剛　二〇一五年「上海租界劇場アニメーション上映史考―『ミッキーマウス』、『鉄扇公主』『桃太郎の海鷲』を中心に」大橋毅彦、関根真保、藤田拓之編『上海租界の劇場文化―混淆・雑居する多言語空間』東京：勉誠出版社、二〇四ページ。

（8）話劇《文天祥》は一九四三年十二月十五日から翌年一九四四年五月十三日まで連続公演された大ヒット作。トータルで一八六回の上演が行われたとされるが、一日に昼と夜の二公演も少なくなかったことから、正確な上演回数はこれを上回る。もともとの作品名は《正気歌》であり、劇作家、呉祖光の作品である。元の攻撃を受けた宋の将軍、文天祥を主人公にすえた歴史英雄物語である。上海聯芸劇社（代表者は映画界でも活躍した張善琨）がライシャム劇場にかけ、内容を日本に侵略される中国におきかえることで、中国人観客の愛国心に訴え熱狂的な支持を集めた。この時期、《文天祥》を観劇した日本人は少なくない。作家、阿部知二、久保田万太郎らが文章を残し、『大陸新報』にもこの作品をめぐる日本人の座談会の内容が掲載されていた（注（3）の瀬戸宏　二〇一五年：二二二～二三五ページ）。

（9）趙怡　二〇一五年「蘭心大戯院上演劇目一覧表（一九四一～一九四五）」大橋毅彦、趙怡、榎本泰子、井口淳子編『上海租界與蘭心大戯院』上海：上海人民出版社、二四三～二九四ページ。

（10）『ル・ジュルナル・ド・シャンハイ』は、科学研究費補助金基盤B「上海租界劇場文化の歴史と表象―ライシャム・シアターをめぐる多言語横断的研究」（平成二十三年度～二十五年度）（研究代表者：大橋毅彦）によりフランス国立図書館より電子版を購入し、劇場広告および音楽記事を調査した成果は（参考文献～大橋、趙、榎本、井口　二〇一五年）ほかに公表している。その後、二〇一二年にはフランス国立図書館がデジタル版（一九四〇年五月十一日以降は欠けている）をウェブ上で公開するようになった。欠けている部分については上海図書館分館徐家匯蔵書楼、京都大学大学院文学研究科図書館で補うことが可能である。

（11）趙怡　二〇一五年「蘭心大戯院上演劇目一覧表（一九四一～一九四五）」大橋毅彦、趙怡、榎本泰子、井口淳子編『上海租界與蘭心大戯院』上海：上海人民出版社、二四三～二九四ページ。

（12）大阪朝日新聞創業五十年を記念して、中之島に一九二六年に建設された。外壁は黒、窓枠に金のふちどり（ニューヨーク、アメリカンラジエータービルがモデル）という異彩をもつ地上六階・地下一階のビルであった。四階以上が一六〇〇席のホールとなっていた。当時、京都、名古屋、神戸にも朝日会館が建設されている。大阪における著名アーティストの公演は必ずといってよいほど大阪朝日会館が使用された。音楽はもとより歌舞伎、能や邦楽、演劇、舞踊、映画と多種多様のジャンルがステージにあげられた。一九三一年には『会館芸術』が創刊され、会館公演の案内のほか、音楽、演劇、舞踊、映画ほかの評論や記事、写真を掲載し、機関誌的役割を果たした。大大阪と称されるこの時期の大阪の文化拠点でありつづけた。一九六二年に閉館し、場所を移転して大阪フェスティバルホールが後継ホールとなった。

コラム

一　租界もしくは華洋雑居について

租界について一般に誤解が多い点は、租界の面積と人口構成であろう。租界は上海の一部に過ぎず、三十三平方キロメートルと面積は広くない。あえてたとえるなら東京都内の一区、杉並区や板橋区ほどの広さである。よほど周縁部でない限り、リキシャー（人力車）での移動が可能な街区であった。そして租界イコール西欧人の居住区というのも大きな誤解であり、大多数は中国人居住者であった。そのなかには買弁とよばれる仲介商人（大富豪）や知識人から乞食までが含まれていた。つまり豪壮な洋館のほど近くに貧民が暮らす路地があった。そのような「華洋雑居」になった経緯を簡潔に説明しよう。

一八四〇年にアヘン戦争が勃発し、その結果結ばれた南京条約によって諸外国は清朝より上海の土地を租借できるようになった。一八四五年には英国租界が、一八四八年にはアメリカ租界、一八四九年にはフランス租界が設置された。のち、一八六三年には英米租界が合併し共同租界となった。つまりフランス租界と共同租界の二つの部分からなるのが上海租界である。土地を借りるといっても租界域内に「工部局」とよばれる行政組織（役所）をつくり、警察組織を有していたので、中国が介入できない治外法権域であった。ただし、租界内の居住者の九割以上が中国人であり、納税者の代表による工部局参事会に中国人代表を送りこむこともできた。一九三七年、第二次上海事変により、中国軍が上海から撤退、共同租界と仏租界は日本軍に包囲され「孤島期」が始まった。一九四一年十二月、太平洋戦争が始まると租界は日本軍の占領地域となった。一九四三年、租界は汪精衛政権（日本の傀儡政権）に返還され、その後日本敗戦までを「淪陥期」とよぶ。租界内では直接的な戦闘が行われないことから、戦争をさけ他地域からの中国人の流入が進み租界の人口は最終的に二〇〇万人を超えた。それに対して外国人が占める割合は最大多数の日本人十万人、ロシア人二万人を含めても五％以下であった。租界ができた当初、西欧人、とくに英国人が特権階級として利権を手中にしていたが、時代が下るにつれ、その租界内での立場は弱められ、経済力を背景に中国人が台頭した。

二　映画

租界時代、上海は中国における映画市場の中心であり、最盛期には四十館あまりの映画上映館（劇場）が営業していた。そのなかのおよそ十館が一流の映画館であり租界の中心部に集中していた。ハリウッド映画を上映するのはグランド（大光明）、ナンキン（南京）、キャセイ（国泰）といった大劇場であり、中国映画を上映する中小の劇場は虹口《ホンキュー》地区や租界周縁部にあった。当時、グランドのような一流劇場では冷暖房が完備され、ハリウッド映画上映の際にはときに字幕や中国語ふきかえのイヤホンも一九四〇年には開発されたが、本国で封切り後、間をおかず輸入したまま放映されることが多かった。一九二〇年代から四〇年代末にかけて少なくとも四〇〇〇

『新聞報』に掲載された映画主題歌の楽譜
（五線譜とハーモニカ用数字譜）
映画挿入曲《I've been in love before》
1941年１月20日

本以上のハリウッド映画が上海で上映された（参考文献〜劉二〇一五年：十二ページ）。

一九三〇年代になると中国映画の制作がさかんになる。一九三一年にはトーキー中国映画の第一作《歌女紅牡丹》が公開された。国立音楽専科学校で黄自《ホアンツー》から作曲を学んだ弟子の賀緑汀や劉雪庵らも芸術歌曲のみならず、映画主題歌を作曲していた。現在の国歌《義勇軍行進曲》も一九三五年の左翼・抗日映画《風雲児女》の主題歌（聶児《ニエアル》作曲、田漢《ティエンハン》作詞）である。

中国映画は一九四〇年代にはナショナリズムの高まりを背景に歴史物語の形をとった愛国主義的な「借古諷今」映画が人気を集める一方、喜劇、ロマンス、ホラー映画まで内容は多岐に及んでいた。

一方、日中開戦後の一九三九年になると日本軍は映画を宣伝媒体として活用しようと、国策映画会社、すなわち中華電影股份有限公司（のちに中華電影聯合公司に移行）を設立した。日本側の代表は川喜多長政であり、中国側パートナーは中国映画界を代表する張善琨《チャンシャンクン》であった。中華電影は映画の検閲および製作を行った。《萬世流芳》《春江遺恨》（大映との合作で邦題は《狼火は上海に揚る》）《秋海棠》《漁家女》など五十あまりの作品を制作、周璇や李香蘭といった主演女優が主題歌をヒットさせる現象を生み出した。音楽組主任は《賣糖歌》の作曲で知られる梁楽音《リャンローイン》であった。映画がヒットするとその主題歌がレコード発売され、ラジオで流された。中国語新聞には人気を集める映画主題歌の歌唱およびハーモニカ用楽譜が掲載された。日本敗戦後、張善琨をはじめとする上海の映画関係者は香港に逃れ、香港映画界の黄金期を支える一翼となっていった。

三　レコード

今日、上海のレコード売り場にいくと、「老上海唱片（オールド上海のレコード）」、「上海老歌」といったタイトルの多種多様のCDが売られている。これは戦前のSPレコードによる流行歌の復刻版である。一九三〇年代の上海では毎年、レコードが数十万枚販売されていた。流行歌のみならず、伝統劇（京劇など各種戯劇）、蘇州評話、弾詞などの語り物演芸、映画音楽の主題歌、西洋音楽、はては演説と幅広い華洋のジャンルをカバーしていた。とくに、周璇、李香蘭、白光、姚莉といった映画女優、歌手が吹き込んだ映画主題歌は全国的なヒット曲となっていた。上海には、パテ（中国名、百代唱片）やビクター（勝利唱片）といった外国のレコード会社が数多く進出していたが、その後、パテとビクター、それに加えて中国資本の大中華の三社が市場を席巻した。

李香蘭リサイタルのプログラム　1945年６月（上海交響楽団資料室所蔵）
指揮は服部良一と陳歌辛、伴奏は上海交響楽団

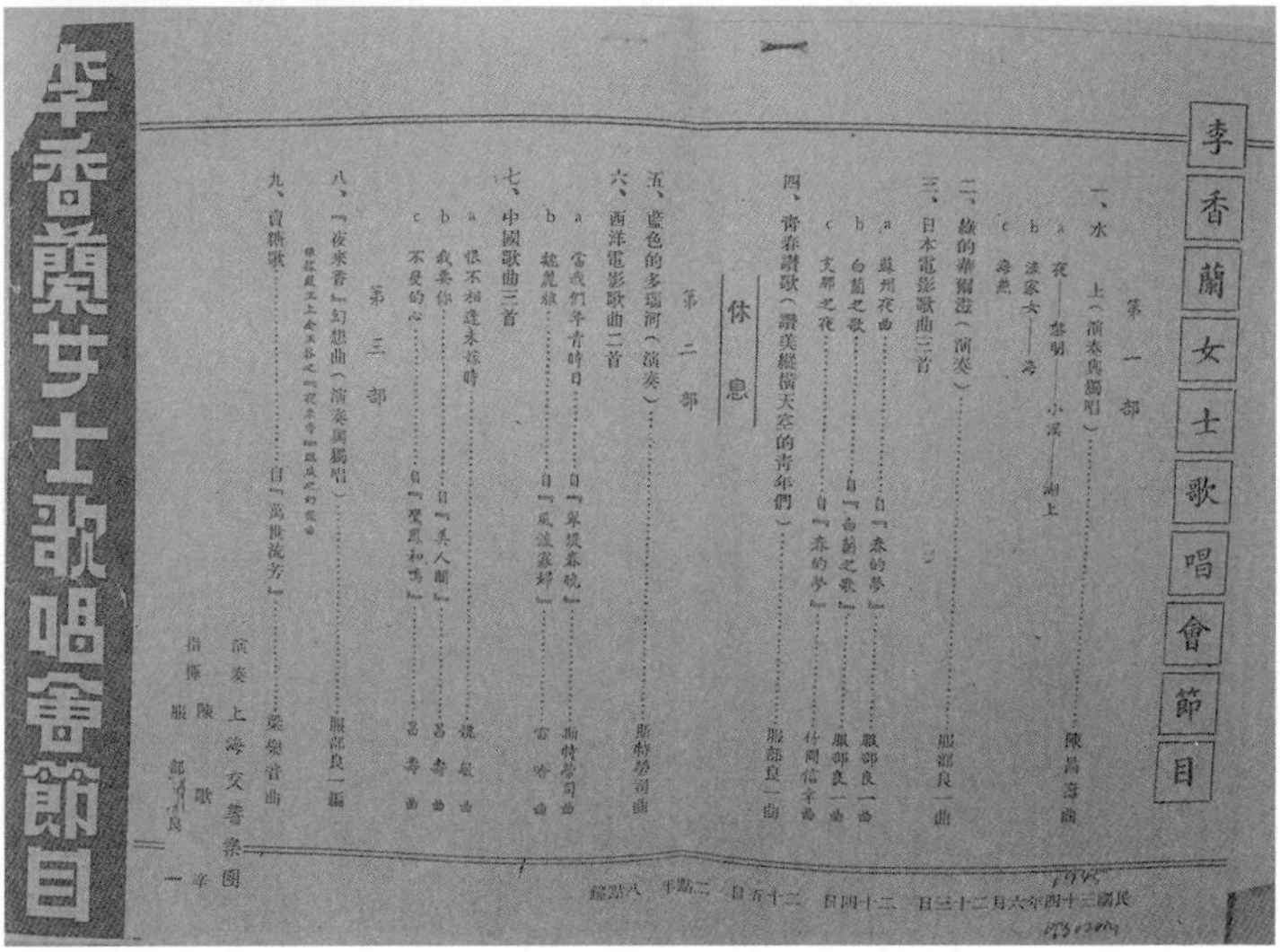

李香蘭女士歌唱會節目

第一部

一、水上（演奏與獨唱）……陳昌壽曲
a 夜——黎明——小溪——湖上
b 漁家女——海
c 海燕

二、綠的華爾滋（演奏）……服部良一曲

三、日本電影歌曲三首
a 蘇州夜曲……自『春的夢』……服部良一曲
b 白蘭之歌……自『白蘭之歌』……服部良一曲
c 支那之夜……自『春的夢』……竹岡信幸曲

四、青春讚歌（讚美縱橫天空的青年們）……服部良一曲

休息

第二部

五、藍色的多瑙河（演奏）……斯特勞司曲

六、西洋電影歌曲二首
a 當我們年青時日……自『舞揚春曉』……斯特勞司曲
b 維麗娘……自『風流寡婦』……雷哈曲

七、中國歌曲三首
a 恨不相逢未嫁時……姚敏曲
b 我要你……自『美人關』……昌壽曲
c 不變的心……自『鸞鳳和鳴』……昌壽曲

第三部

八、『夜來香』幻想曲（演奏與獨唱）……服部良一編

九、賣糖歌……自『萬世流芳』……梁樂音曲

演奏　上海交響樂團
指揮　陳歌辛
服部良一

民國三十四年六月二十三日　二十四日　二十五日　二點半　八點鐘

レコードは乱立するラジオ放送局の音楽番組を通して人々に浸透していった。映画、ラジオ、レコードは互いに相乗効果を生み出し、映画がヒットすれば、レコードが売れ、ラジオから四六時中、ヒット曲や伝統演芸が流れるという状況を生み出した。当時、絶大な人気をほこっていた李香蘭が映画《萬世流芳》のなかでうたった《賣糖歌》はその代表である。李香蘭が一九四四年に録音した《夜来香》のヒットをうけて上海、グランド・シアターで開催された「夜来香幻想曲演奏会」（一九四五年六月）では服部良一らが指揮をとりオーケストラ伴奏で《支那の夜》、《蘇州夜曲》が演奏された。また、姚莉が《天涯歌女》のなかでうたった《玫瑰玫瑰我愛你》は海をわたり一九五一年、フランキー・レインが歌う《Rose Rose I love You》として全米のヒット曲となった。

日中戦争が始まると、ラジオ放送と同様にレコードにも厳しく検閲がかけられるようになる。とくに、一九四三年以降は汪精衛政権により条例がしかれ政府の監視のもと、音楽や伝統演芸のレコードはその歌詞の内容が反政府的であったり、反道徳的であれば販売禁止となった。

工部局オーケストラが伴奏をつとめた一九三五年の中国映画《都市風光》の主題曲《都市風光幻想曲》（黄自作曲）もビクターからレコード発売されている。今となっては希少な工部局オーケストラの録音資料である。

四　ラジオ放送

中国初となる上海のラジオ放送は一九二二年に始まった。一九二〇年代からラジオ放送局は増

ラジオの広告　1937年３月７日 LJDS
ラジオは高級品であり、モダンな都市生活の象徴であった。価格は新製品ならアップライトピアノの半額にのぼった。

加の一途をたどり最大時、一〇〇局以上の放送局が存在した。公的には一九三九年には二十九局の中国語放送局および租界内の外国人向けの各国語による放送局があった。

ラジオ放送は亡命者にとっても母国語で世界とつながる回路となっていた。英語短波放送の詳しい番組表は日刊『ザ・ノース・チャイナ・デイリー・ニューズ』紙に掲載され、欧州のニュースを英仏独三ヶ国語で聴くことができた。地元、英語放送局ではニュースと音楽を主要な内容としていた。英語放送の代表局ＸＣＤＮは一九四一年三月と五月に英国義援金のためのＸＣＤＮ主催コンサートをライシャム劇場で開催した。

英語以外の各国語の地元放送局も貴重な情報源であった。たとえば、欧州を逃れてきたユダヤ人の場合、ドイツ語放送や音楽番組を聴くことができた。ＸＭＨＡ局ではユダヤ人音楽家が演奏を生放送し、難民向けのニュースの時間もあった。ＸＧＤＮ局では毎週月曜から金曜の五日間、一時間のドイツ語番組をもっていた。豊富なレコード・コレクションから音盤を選び放送するほかユダヤ人音楽家の生演奏や上海ユダヤ芸術協会のアルフレッド・ドレフュス教授による音楽史講座もあった（参考文献〜湯 二〇〇七年：九十六〜九十八ページ）。

フランス語ラジオ放送XFFZの「芸術と文化」番組表は仏語新聞に掲載されていた。番組表でその日の放送予定の音楽作品（作曲者）をチェックできた。夜八時からのクロード・リヴィエール女史のコーナーでは文化人へのインタビューなど旬の話題を提供していた。劇場公演に先立ち、演奏予定の曲目を放送し解説を行う、あるいはまだ上海では紹介されていない現代作品を放送するなど、啓蒙的かつクラシック音楽愛好家にとっても魅力的な放送内容であった。ロシア語放送ではオペレッタの芸術監督であったヴァーリンが「ソヴィエトの声」のキャスターでもあった。

日本は一九三六年に大東放送局（XQHA）を手に入れ、敗戦にいたるまで電波による宣伝工作を行った。乱立する中国語放送局では安価なレコードでの音楽番組によって流行歌、京劇、各種戯劇、弾詞など語り物演芸が放送され、上海の都市生活の一部となった。

日本軍が租界を制圧して後はラジオ放送も新聞同様、きびしい検閲と管理の対象となった。軍部は反日、抗日的内容の放送を禁じようとしたが、電波による情報、宣伝合戦をコントロールすることは現実には不可能であった。

第二章　上海楽壇——モダニズムからコンテンポラリーへ

一　上海楽壇とは

アジアの近代における「東洋と西洋との出会い（接触）」のあり方は、アジア各国において、また都市において大きく異なる。その出会い方が接触時の政治状況によって大きく左右されるからである。大きく二つに分けるなら、植民地化された地域での出会いと、そうではなく主権を保持していた地域での出会いである。

「西洋音楽」との出会いも政治状況に大きく左右された。たとえば東京ならば、日本が西欧列強の植民地ではなかったため、明治政府が選んだ「お雇い外国人」が高給で雇用され、官立の学校である一八八七年創立の東京音楽学校で日本人学生を教えるというかたちをとることになった。そこでは主導権は日本側にあり、学ぶといっても何をどう学ぶのかという方針や取捨選択の権利は日本人が握っていた。西洋音楽と出会った明治期の日本人は早い時期に自国の文化、伝統にあうかたちで、つまり一種の「翻訳文化」として西洋音楽を教授するシステムを編み出した。「唱歌」に代表されるような日本人に受け入れられやすい和洋折衷のかたちで西洋音楽を主体的に受け入れることができたのである。

では、西欧列強の租界地、上海ではどのような出会いがなされたのであろうか。大胆にアウトラインを描くなら次のようになる。まず、アヘン戦争後、西洋人、とりわけ、英国人、フランス人らは租界で母国の文化を享受するために劇場、公園など娯楽施設を建設した。そして、そこで活動するべく、まず早くも一八六六年にはアマチュアによる演劇グループが、一八七九年には素朴な楽隊である上海パブリックバンドが組織された。その後、上海パブリックバンドは拡大され今日の上海交響楽団の前身である「上海工部局楽隊（Shanghai Municipal Orchestra and Band）」が発足した。「工部局」とは租界を統治する役所であるから、この公的楽団は税金で維持された。ほかにも民間やアマチュアの音楽団体が続々と出現し、西欧人による「上海楽壇」を形成していった。

一九二〇年代ともなると、上海ではヨーロッパとかわりのないプログラムでオーケストラの定期演奏会が開催されるようになった。ひるがえって日本では、オーケストラこそ誕生していたものの、いまだ揺籃期にあり、蓄音機で欧州の名オーケストラの演奏に接することしかできなかったのである。

租界という半植民地での文化接触と受容はきわめて政治的な力関係、文化的侵略のなかで行われたのは事実であるが、一面、租界という「いびつな環境」、「西欧の飛び地」でしかなしえなかったダイレクトな西洋文化の伝播という利点も持ち合わせていた。

西洋の飛び地、上海――その景観ゆえに「東洋のなかの西洋」と表現されることが多い。たしかにわれわれは、まずこの都市の景観に眼をうばわれる。バンド沿いの旧イギリス租界の壮麗な建築群や旧フランス租界の緑濃い街路樹や優美な洋館による印象はあまりにも強く、それゆえに英国、フランスなど租界都市とその景観を形成した人々が租界の西洋人、すなわち「華洋雑居」の「洋」の部分であったと思い込みがちである。

実は、一〇〇年の長きにおよぶ租界の西洋文化の担い手は租界を形成した英国人、フランス人、米国人だけではない。むしろ、文化的影響という点においては、二〇世紀前半にひきおこされたロシア革命とその後の世界大戦によって上海に逃れてきた人々、つまり「亡命者」、「難民」が西洋文化の主たる体

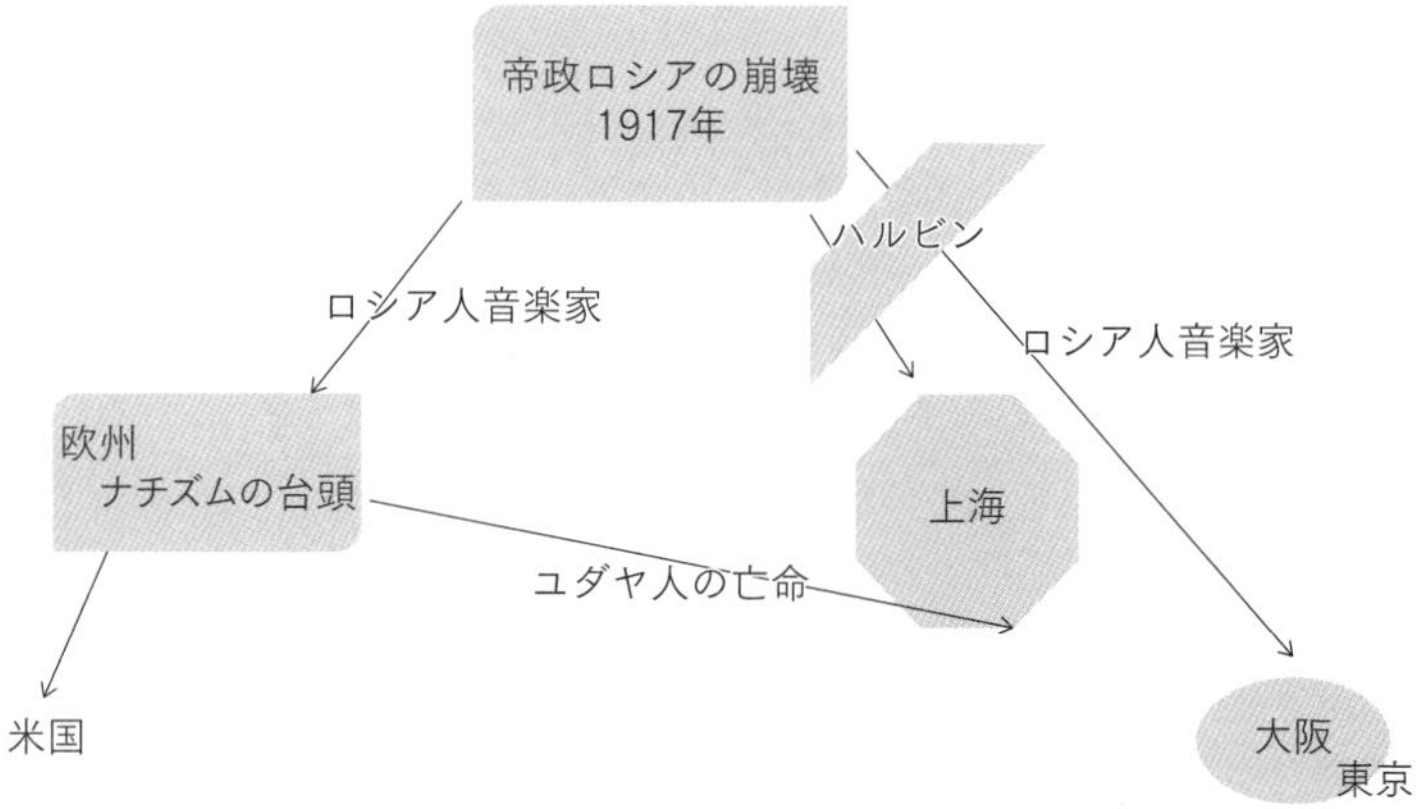

図１　ロシア、欧州からの音楽家の亡命経路

現者であった。すなわち、故国を追われ上海に活路を見出した亡命ロシア人と欧州からのユダヤ系難民こそが、楽壇の主役であった。

都市の景観をかたちづくる建物は歳月を経ても残るため、今日われわれは上海の都市イメージとして英仏人らがつくった街の景観を思いおこす。一方、亡命者たちが織りなした西洋文化、それも音楽、オペラ、オペレッタ、バレエ、ダンスなどは跡形もなく消え去り、その痕跡をもとめるなら、当時の新聞記事やプログラム、ポスター、写真など残された文字と画像資料でたどるしかない。音の記録もわずかにＳＰレコードにのこる流行歌曲や映画音楽、挿入歌などにしか残ってはおらず、バレエの映像記録があるわけでもない。しかし、たしかに一九二〇年代から四〇年代にかけて、この上海租界はアジアで唯一、西洋人による西洋芸術を享受することができる街であった。それも単に西洋人というのではなく、母国で最高水準の専門教育を受けた第一級の亡命芸術家たちが活躍していたのである。「上海楽壇」とはそうした亡命者の楽壇であった。

ただし、上海楽壇の担い手がロシア人、ユダヤ人であったといっても、本論でとりあげる芸術音楽に携わる音楽家はごく少数のエリートたちであった。大半の音楽家は生活のために、大衆的な娯楽施設、ダンスホール、キャバレー、バーやカフェといった場でジャズやダンス音楽などを演奏していた。また時代がくだるにつれ、楽壇には亡命者によって育成された中国人も加わることになる。

さて、上海の洋楽史についてはすでにかなり緻密な研究の蓄積がなされている。[注1] それらの文化史的研究成果を参照しつつも、音楽学的な見地から楽壇の内実をいま一度、再検討してみたい。とくにこれまで俎上にあげられてこなかった問題、「上海では何がどのように演奏されたのか」を明らかにしようとするなら、租界末期の一九三〇年代後半から四〇年代前半にかけて、亡命者たちが同時代の欧米の音楽作品を上海にもちこんだ事実に気づくことになる。彼らは同時代の音楽、すなわちそれ以前の古典的音楽とは峻別される「二〇世紀音楽」にも取り組み、上海を西洋音楽の先進都市にならしめていたのである。

次節では、一九三〇年代後半の演奏状況を具体的にみていこう。

二　一九三九年の上海楽壇——亡命音楽家の流入による新時代

ロシア革命（一九一七年）を逃れたロシア人はハルビンで新たなロシア人コミュニティを建設していたが、一九二〇年代末より、日本軍の満州支配やソヴィエトの圧力を逃れ、多くのロシア人が南下してきていた。このロシア革命と二度の世界大戦により、ビザが不要であり、かつ西洋音楽が根づいていた上海に母国を逃れた音楽家たちが集まってきた。ロシア人やヨーロッパ人のすぐれた音楽家が流入することによって、一九三〇年代の上海楽壇はかつてない充実の時代を迎えることになる。二〇世紀の同時代音楽やオペラ、オペレッタ、近代バレエ作品が上演され、第二次上海事変（一九三七年八月）後の戦時下においても、戦闘行為がない租界域内では舞台活動は停止することなく続けられた。

この時期、より鮮明で具体的な上海の楽壇を知るために、当時執筆された、あるフランス人音楽評論家の文章を紹介したい。その生き生きとした筆致からわれわれは一九三九年十月の上海がどのような音楽状況にあったのかをつぶさに知ることができる。

ここでとりあげるのは、フランス語の日刊新聞『ル・ジュルナル・ド・シャンハイ』（*Le Journal de Shanghai*（以下、LJDS）中国名『法文上海日報』一九二七～一九四五年）であり、五月から十月までの演奏会シーズン中は毎週、音楽評論を執筆していたシャルル・グロボワ（コラム七参照）の評論である。少々長いが、秋から翌年の春にかけてのシーズン開幕にむけて彼の期待感が伝わる文章を引用したい。オーケストラとは上海工部局オーケストラ（コラム五参照）を指す。

「一九三九年から一九四〇年にかけての音楽シーズン」（一九三九年十月十五日「上海の音楽」欄（La Musique à Shanghai）」（画像1）より。［　］は筆者による作曲年の加筆）

・租界のオーケストラ

最初の演奏会は、今日、十七時十五分にライシャム劇場で行われる。国際色豊かなプログラムは次のとおりである。ブルッフのヴィーン協奏曲、ピツェッティの《ピサの娘》［一九一三年作曲］、フランクの交響詩《プシュケ》の抜粋、そしてヴォーン・ウィリアムズの《ロンドン交響曲》［一九一二〜一三年作曲、出版は一九三六年］。

二回目の演奏会は、十月二十二日で、ラロのチェロ協奏曲、ベートーヴェンの交響曲第五番、そしてウォルトンの《ファサード》［一九二二年、一九二六年に管弦楽作品へ編曲］と題された楽しくモダンなイギリス組曲を、われわれに聴かせてくれるだろう。

三回目の演奏会は、十月二十九日で、フランス音楽の演奏会になるだろう。とくにショーソンとデュカスの歌曲、フォーレの《ペレアスとメリザンド》、そしてデュカスの《ラ・ペリ》［一九一二年作曲］というプログラムで、最後の曲《ラ・ペリ》は、上海での初演となる。

6

La Musique à Shanghai

La saison musicale 1939-1940

L'orchestre du Settlement

Le premier concert a lieu aujourd'hui, à 17 h. 15, au Théâtre Lyceum, avec un programme international : le concerto de violon de Max Bruch, la Pisanella de Pizzetti, un extrait de Psyché» de C. Franck et la symphonie de Londres de Vaughan Williams.

Le deuxième concert, 22 octobre, nous présentera le concerto de violoncelle de Lalo, la cinquième symphonie de Beethoven et une suite anglaise de Walton, d'un modernisme amusant, intitulée «Façade».

Le troisième concert, le 29 octobre, sera un concert de musique française, avec, en particulier, des pièces de chant de Chausson et de Dukas, la suite de «Pelléas et Mélisande» de G. Fauré et la «péri» de P. Dukas. Cette dernière œuvre sera exécutée pour la première fois à Shanghai.

Le quatrième concert, le 5 novembre, ne comprendra que de la musique russe, en particulier une symphonie de Gretchaninoff qui n'a pas encore été entendue à Shanghai.

Le cinquième concert, le 12 novembre, sera consacré à la musique italienne, avec le concerto sur des thèmes grégoriens de Respighi et la Symphonie élégiaque de Malipiero.

Le 26 novembre, enfin, un concert spécial commémorera le vingtième anniversaire de l'orchestre, réorganisé, en novembre 1919, sous la direction de M. M. Paci.

rience du gâchis des années dernières les aide à débaler un char bien embourbé.

Opérette

L'Opérette Russe a fait ses débuts, jeudi dernier, devant une salle comble. Elle donnait «Eva» de Franz Lehar et la troupe a maintenu ses traditions de gaîté plaisante et de musique agréable et légère sans prétention. Le spectacle que, seuls, les moyens matériels empêchent d'étoffer avec une figuration plus abondante et des chœurs plus nombreux, est toujours préparé avec soin et le succès qu'on lui réserve montre assez que le public apprécie cet ensemble d'artistes dont les efforts méritent encouragement.

«Eva» sera donné une deuxième fois ce soir, à 21 heures.

Le Ballet Russe

Ce groupe a donné déjà une première représentation et se prépare à donner, en novembre, une œuvre importante et nouvelle à Shanghai.

Récitals

Quelques récitals sont en préparation. Citons, particulièrement, le récital de piano de Mlle V. Tomashevskaia, le 1er novembre, dans la salle de l'American Women's Club.

* * *

Voici donc un début de saison qui s'annonce bien. Nous n'ignorons pas les difficultés que

画像1　グロボワの評論「上海の音楽——1939年から1940年にかけての音楽シーズン」（部分）　1939年10月15日　LJDS

四回目の演奏会は、十一月五日で、ロシア音楽だけでプログラムは組まれている。とくにグレチャニーノフの交響曲第二番［一九〇八年作曲］は、上海ではまだ聴いたことがない。

五回目の演奏会は、十一月十二日で、イタリア音楽にあてられている。レスピーギの《グレゴリオ聖歌風》ヴァイオリン協奏曲と、マリピエーロの哀歌調の交響曲第二番《哀歌》［一九三六年作曲］である。

ついに十一月二十六日、特別な演奏会[注2]が、一九一九年十一月に再編されたこのオーケストラの二十周年を記念して、パーチ氏の指揮のもと行われる。

・室内楽演奏会

室内楽の一連の演奏会は、ヴァイオリンのフレンケル（Wolfgang Fraenkel）、チェロのヴィンクラー（Eugène Winkler）、ピアノのマルゴリンスキー（Henri Margolinsky）の合奏団によって、バブリング・ウェル・ロード五五七番地にあるアメリカン・ウィメンズ・クラブのホールで行われる。最初の演奏会は、来る十月二十五日に興味深いプログラムで行われる。ベートーヴェンの作品一二一Aの三重奏曲、ラヴェルの三重奏曲、ドヴォルザークの作品九十の三重奏曲である。

・野外演奏会

上海のセイレーン［アマチュア音楽団体］は、フランスの戦争活動の利益になるように、顧家宅公園［フランス租界内の公園、現在の復興公園］で第二回演奏会を開くべく準備している。

・オペラ

実現されなかった、そしておそらく実現できないこの夢が、何人かの頑固者にとりついている。本来称賛すべき忍耐力。ここ数年の混乱の経験が、ぬかるみにはまった荷車を彼ら、頑固者が引っ張りだすのを手助けすることを期待しよう。

・オペレッタ

ロシア軽歌劇団（第三章コラム十二参照）は、この前の木曜日に、超満員のホールでデビューした［シーズンデビューの意味］。ロシア軽歌劇団は、レハールの《エヴァ》を上演した。この一座は、愉快な陽気さと、快くて軽い音楽という伝統を、気取らずに保っていた。このショーは唯一、財力不足によって、より多くの端役や大人数の合唱団といった、このショーの内容を豊かにするはずのメンバーの充実をはたせずにいるが、常に入念に準備されている。そしてこのショーの成功は、観客が、この芸術家集団を高く評価していることを十分に示している。その芸術家集団の努力は奨励に値するものである。

《エヴァ》は、今夜二十一時に再演される。

・バレエ・リュス

このグループは、すでにシーズン第一回の公演を行っており、十一月に、重要で新しい作品［《ノートルダム・ド・パリ》を指す］を上海で上演する準備をしている。

画像2　バレエ・リュス《ノートルダム・ド・パリ》（ヤノーワ、バラノーワ、コジェーヴニコワ）1939年11月26日　LJDS

・リサイタル

いくつかのリサイタルを準備中である。とくに、十一月一日、アメリカン・ウィメンズ・クラブのホールでのマドモアゼル、トマシェフスカヤ（V. Tomasheskaia）のピアノ・リサイタルを挙げよう。

（中略）

さあ、シーズンの幸先よい始まりだ。地方の芸術家が克服しなければならない困難をわれわれは知らないわけではない。彼らが遭遇する乗り越えがたい障壁、ときには悲劇的に生じる生活費の問題、彼らの活動を阻む限界そのものを、われわれはよく知っている。これらすべては、次にあげることを妨げるものではない。すなわち、ごまかしや、まして不正手段などない正真正銘の音楽を生み出すこと、正しい演奏を誠実に正直に探求すること、下品な印象と悪趣味な騒ぎを避けること、仕事と手順の規律を身につけること、そして、それぞれの演奏家が、衰えた技術でごまかすという危険な冒険に身を投じることなく自分に適したレパートリーに没頭すること、である。作曲家への尊重、技の尊重が思慮分別への第一歩である。そして、聴衆に対してのいくらかの配慮が、慎重さへの第一歩である。

三　音楽評論を読み解く

評論の執筆者、シャルル・グロボワは一八九三年フランス中部ブールジュで生まれ、古典文学と音楽のディプロマを取得、上海には一九一九年に移り住み、フランス租界の教育総監やレミ小学校校長など租界の要職にあり、亡命ロシア人の音楽団体にも支援を惜しまなかった人物である（詳しくはコラム七参照）。音楽評論は日刊仏語新聞『ル・ジュルナル・ド・シャンハイ』に一九二九年以降、十五年余にわたり執筆を続けた。秋から春の演奏会シーズン中、長文の評論が毎週掲載されていた点は、他の外国語新聞の音楽評論にはみられない仏語新聞の特徴である。とくに一九四一年十二月以降は外国語新聞が一斉に停刊したため、音楽批評はグロボワの独壇場となった。

このグロボワによる評論は、これまで工部局オーケストラをはじめとする上海の楽壇について書かれてきた多くの書物には全く見いだせなかった類いの貴重な情報をわれわれに与えてくれる。なかでも筆者の眼をひくのは、一九三九年の上海では、オーケストラ、室内楽、オペラ、オペレッタ、バレエのそれぞれのジャンルでヨーロッパの「同時代」を意識した意欲的な上演活動が行われていた事実である。

まず、オーケストラとはいうまでもなく工部局オーケストラを指している。租界の税金で運営されるオーケストラの活動は十月から翌年五月までが「シーズン」とよばれ、毎週日曜日には定期演奏会が、シーズンオフの夏季には野外演奏会が開催されていた。

一九一九年にイタリア人ピアニスト、マリオ・パーチが指揮者となってからは、ヨーロッパからコンサートマスター（イタリア人のアリゴ・フォア）ほかの実力派メンバーを新たにスカウトし、演奏水準の向上とプログラムの充実に取り組んでいた。メンバー構成については四十五名から五十名のあいだを推移し、約六割がロシア人、残りの四割はイタリア、フィリピン、チェコなど各国人であった。東洋系としては日本人一名、中国人五名が名簿にみとめられる。

プログラムからわかるように、演奏経験がある古典派、ロマン派の名曲に安住するのではなく、二〇世紀の同時代音楽や初演曲にチャレンジしている。とくにこの年にはイタリアのモダニズムの旗手たち、マリピエーロ、カゼッラ、ピツェッティといった一八八〇年代生まれの「八〇年代組」と称されるモダニズム作曲家の作品がとりあげられている点が注目される。

こういった作曲されて間もない作品の演奏には「楽譜の入手」という大きな問題が立ちはだかっていた。この問題をいかに解決したのかについては、後述したい。

評論に戻ろう。「室内楽」の文中で、グロボワがそのプログラムに期待をよせていた三名の奏者はいずれも一流の音楽経歴をもつユダヤ人避難民であった。この時期、ヨーロッパではドイツ、ナチの勢力が拡大の一途をたどり、大量のユダヤ人難民を生み出していた。上海への難民の数はおよそ一万七〇〇〇名であり、なおかつそのなかに数多くの音楽家が含まれていたのである。亡命者の総数に対して音楽家の比率が高いことについて阿部吉雄は次のように説明している。「例えば、ヨーロッパ系難民救済国際委員会による職業登録の統計では一九四〇年六月までに上海で登録したユダヤ人五一二〇人のうち二六〇名が「音楽家」である[注3]」。

そして、阿部は音楽家が職種としては「商人その他」の一一〇〇人に次いで二番目に多く、ほかの職業、医師や「エージェント」を上回っていること、ほかの統計資料においても「各種音楽士」や「音楽家」、「歌手」、「音楽教師」の数が非常に多いことを指摘している。また、その要因として、すでに上海租界に西洋音楽が根づき、相応の需要があったこと、そしてドイツで発行された移住先ハンドブックにおいても上海の項に「チャンスがあるのは（中略）、音楽家」と明記されていたからではないかと述べている。そして亡命ユダヤ人が職を得た具体的な場所として、「バー、キャバレー、ナイトクラブ、ダンスホール、コーヒーハウス」をあげている。数百人もの音楽家が租界になだれこむという状況は、誰もが希望する職を得るわけにはいかず、芸術性のない娯楽のための通俗音楽を提供する状況に甘んじるほかなかったのである。ベルリンからの亡命音楽家は「ヴァイマール文化」と称される表現主義、抽象絵画、演劇、映画、ジャズといった文化が花開いた黄金の一九二〇年代を経験していたであろうし、そのような都市の空気を知るユダヤ系ドイツ人、なかでも亡命者のなかで最大多数派であったベルリン出身者は、上海に新たな都市文化の色彩をもちこんだであろう。

ともかく、彼（彼女）らが同時代のヨーロッパの音楽の中心地、ベルリンやヴィーンの音楽文化を極東の上海にもちこんだことは、戦争やユダヤ人迫害といったまさに「非常時」にしかありえない現象であった。ユダヤ人避難民たちは一部の例外をのぞいて日本軍がもうけた指定地区、通称、上海ゲットーに強制移住させられることになるのだが、とくに能力のある音楽家には従来通りの仕事を続ける自由があった。

評論中の、ヴォルフガング・フレンケルは、一九三八年十一月のクリスタルナイト（水晶の夜）事件で強制収容所におくられつつも、からくもそこから逃れ上海に到着していた。後述するようにベルリンでシェーンベルクの影響をつよく受けた作曲家であった。

四　同時代音楽への取り組み

このグロボワの評論を読み解くには、史料『上海共同租界工部局年報』（一九四〇年）が貴重な情報を与えてくれる。原本の「工部局年報（Annual Report of the Municipal Council）」は英文であるが、ここでは当時発行されていた日本語訳版の年次報告から重要とおもわれる箇所を引用する。音楽隊、隊長報告とはConductor's Report, Shanghai Municipal Orchestra and Public Bandの日本語訳である。

「工部局年次報告」（二七一ページ）

音楽隊　隊長報告

上海は政局不安と不景気に悩まされて居たが、管弦楽団及バンドにとって一九三九年が演奏、会計収支いずれの方面も成績良好であつたのは喜ばしい事である。冬季交響楽演奏会の聴衆は、一九三八年の五六五人に対して、本年は平均六七〇人で、（中略）数回に亘って満足の盛況を呈し、入場を謝絶した聴衆が多数あった。

冒頭で隊長（指揮者、マリオ・パーチ）は、オーケストラの定期演奏会が集客、収入ともに非常に好調であったことを強調している。工部局の税金で運営されている楽団としては当然のことであろう。そして注目したいのは次のくだりである。

仏租界当局伊太利大使F・M・タリアニ・ド・マルチオ（F.M.Taliani de Marchio）侯爵は寛大にも、仏国及伊太利の作曲家の手になる多数の交響楽を管弦楽団の自由に任せて呉れたので、此等の交響楽のみを演奏する音楽会を屢々開くことができたのみならず、一九三九年度に管弦楽団の所蔵曲目中には寄贈、或ひは貸与によって仏蘭西の二二交響曲を追加した事及昨年四月演奏して非常な好評を博したペロージのオラトリオ《キリストの復活》は、伊太利大使が好意的にローマから無料で借りて下さった御蔭で可能になったのである事を記しておくのは無意味ではない。（中略）

更に音楽事務分科委員会主席R・G・マクドナルド氏の努力により、英国領事から名曲の若干を貸与する許可を得られたので、英国作曲家の曲を以て聴衆を満足させる事も出来た。（原文における旧漢字は当用漢字におきかえている）

このくだりは、ヨーロッパで作曲されてまもない作品がなぜ上海で演奏できたのか？　というわれわれが抱く疑問に答えてくれている。つまり、租界に駐在する大使、領事の支援があり、寄贈や貸与によって楽譜を使用できたのだ。いまだ出版されていない、あるいは刊行されてまもない貴重な楽譜を本国から入手し、オーケストラのパート譜をつくり、写譜する、そういった準備ができてはじめてプログラムにあげることができるのである。
ちなみに時代が下るが、戦時下の一九四三年二月にはショスタコーヴィチの《ピアノ五重奏曲》(一九四〇年作曲)と《ピアノ協奏曲》(一九三三年作曲、オリジナルのオーケストラ版ではなくピアノ一台用に編曲)、ハチャトゥリアンの《ヴァイオリン協奏曲》(一九四〇年作曲)が亡命ユダヤ人、ロシア人によって演奏されている。コンテンポラリーな音楽をテーマに掲げた一夜の演奏会のために、作曲されてまもない未出版の楽譜をなんらかのルートで入手し演奏する、こういった上海楽壇の挑戦は特筆すべきものである。報告書文中にあるペロージのオラトリオ《キリストの復活》とはロレンツォ・ペロージ(一八七二~一九五六年)が二十代で作曲した一八九八年の作品である。
また隊長報告のなかで次のような記述もみられる。

「工部局年次報告」(二七四ページ)
管弦楽団の演奏曲目は従来まで、すでに頗る広範囲に瓦つて居たのだが、一九三九年には特に仏伊英人の作曲家の手になる新作により曲目は更に豊富となり、演奏曲目も更に一層拡充された。古典的なもの、近代的なもの、各種の作曲様式及種々の国の名高い交響楽、詩曲、組曲、競奏曲(ママ)、歌劇抜粋、その他の曲目の外に左記の如き曲目が今年度上海ではじめて演奏された。

文中の「左記の如き曲目」として、一九三九年のシーズン中に演奏された上海初演曲のリストがあげ

Les "Shanghai Players" présentent
au Lyceum Theatre
"ORPHÉE"
Musique mimée de Claudio Monteverde
(Jouée pour la première fois à Mantoue en 1607)
Les Lundi, 13 Mars, Première à 21h.15
Mardi, 14 Mars, à 21h.15
MATINEE SPECIALE A PRIX REDUITS
Samedi 18 Mars à 15 heures
Location au Théatre à partir du 1er mars
Pour le bénéfice du «Organ Fund» et de «Catholic Church of Christian King»
673

画像３　《オルフェオ》の上演広告　1939年２月26日 LJDS

られている。初演曲リストのなかには、すでにグロボワの評論のなかで挙げられていた作品はもとより、ルーセルのバレエ組曲《蜘蛛の饗宴》（一九一二年）やヴォルフ－フェッラーリ（一八七六〜一九四八年）の《Idillio（牧歌的小協奏曲）》があげられている。後者は小編成の交響曲であり、作曲されたのは一九三三年である。イタリアの八〇年代組やヴォルフ－フェッラーリの発表されたばかりのオーケストラ作品が、一九三九年にすでに上海で演奏されていたのである。やはり隊長（指揮者）報告にあるように、租界に住む外国人が母国と緊密なコネクションをもっていたことが大きく作用していたに違いない。

ちなみにこの評論には含まれてはいないが、前シーズン、一九三九年三月十三、十四、十八日にはバロックオペラの《オルフェオ》（モンテヴェルディ、一六〇三年作曲）の復活上演がライシャム劇場で行われていた。これもイタリア八〇年代組のひとり、マリピエーロがモンテヴェルディの研究者でもあり、欧州でバロックオペラの復活のために楽譜刊行や編曲を行った一連の動向から影響を受けていたと推察できる。イタリア本国での最先端の音楽動向がすみやかに上海に届いていたからこそ、欧州でもはじまったばかりのバロックオペラの復活上演が極東で行われたのではないだろうか。仏語新聞によれば、この上海初演はシャンハイ・プレイヤーズというグループおよびプロ歌手（主役は声楽家、シューシュリン）の混成で行われ、また使用楽譜はオックスフォード大学上演版（一九二五年）という英語歌詞によるものであった。しかし、日本でのオルフェオ初演が一九七一年であることを考えるならば、欧州の古楽復興運動をアジアでいちはやく受容したのはまちがいなく上海であった。モンテヴェルディについては、同年十二月二十四日のクリスマス特別コンサートで小品ではあるが、ソナタ《サンクタ・マリア》もとりあげている。

工部局年次報告には毎年のオーケストラ初演作品があげられているため、一九三〇年代後半のイタリア、イギリスほかのモダニズム作品の上演作品を把握することが可能である（表1）。

五　ベルリンから持ちこまれた無調音楽

二〇世紀初頭のヨーロッパには、各国それぞれの新たな音楽動向があった。ストラヴィンスキーらの「新古典主義」や東欧、スペインの民族主義的な自国民俗文化の再発見とそれにもとづく創作、アメリカにおけるジャズの影響など、地域や国ごとに新しい音楽を模索し、前世紀までの古典・ロマン派的音楽からの脱却を模索していた。なかでも、前衛的な方向に進んでいたのが、西洋音楽の根幹でありつづけた機能和声、調性からの離脱をはかる音楽語法を生み出したヴィーンのシェーンベルクである。彼は一九一〇年代に、「調性」にしばられることのない「十二音技法」（相互関係のみで結びつく十二音で作曲する方法）を創出した。彼の周囲にはアルバン・ベルクやヴェーベルンといった作曲家が「新ヴィー

表1　1938〜1945年、工部局オーケストラ上海初演曲および主要演奏作品一覧
（「工部局年次報告」および上海交響楽団資料室作成一覧表より）（注4）

演奏年月日	作曲者	作品名
1938年1月16日	アーロン・アフシャーロモフ	ヴァイオリン協奏曲
1938年2月20日	アルフレード・カゼッラ	スカルラッティアーナ
1938年2月20日	R. シュトラウス	ブルレスケ
1938年3月6日	ヴァシーリイ・カリーンニコフ	交響曲第1番
1938年3月27日	ルイージ・ケルビーニ	《アナクレオン》序曲
1938年5月1日	フランク	交響詩《呪われた狩人》
1938年5月22日	ピエトロ・マスカーニ	《仮面》序曲
1938年11月6日	ルイージ・ボッケリーニ	シンフォニア　イ長調
1938年11月24日	山田耕筰	日本組曲
1938年11月27日	ドビュッシー	喜びの島
1938年12月4日	モーツァルト	《後宮からの誘拐》序曲
1938年12月11日	サンマルティーニ／ファウスト・トッレフランカ編曲	交響曲　ハ長調
1938年12月11日	イルデブランド・ピツェッティ	交響組曲《ピサの娘》
1938年12月11日	アルフレード・カゼッラ	交響組曲《壺》
1938年12月11日	レスピーギ	管弦楽曲《ボッティチェリの3連作》
1939年1月8日	ロッシーニ	《絹のはしご》序曲
1939年1月22日	ブラームス	ヘンデルの主題による変奏曲とフーガ
1939年2月5日	ブラームス	交響曲第3番　ヘ長調
1939年2月12日	アルベール・ルーセル	蜘蛛の饗宴
1939年2月12日	ジャック・イベール	室内管弦楽《ディヴェルティスマン》
1939年2月12日	フランク	交響曲　ニ短調

1939年３月12日	シベリウス	交響曲第２番　ニ長調
1939年３月12日	オネゲル	室内管弦楽《夏の牧歌》
1939年4月4,6日	ロレンツォ・ペロージ	オラトリオ《キリストの復活》
1939年５月21日	ヴォルフ－フェッラーリ	牧歌的小協奏曲
1939年10月15日	レイフ・ヴォーン・ウィリアムズ	ロンドン交響曲（交響曲第２番）
1939年10月15日	イルデブランド・ピツェッティ	交響組曲《ピサの娘》
1939年10月15日	フランク	交響詩《プシュケ》
1939年10月22日	ウィリアム・ウォルトン	ファサード
1939年10月29日	フォーレ	管弦楽組曲《ペレアスとメリザンド》
1939年10月29日	ポール・デュカス	ラ・ペリ
1939年10月29日	エドゥアール・ラロ	交響曲ト短調
1939年11月５日	アレクサンドル・グレチャニーノフ	交響曲第２番「田園」
1939年12月17日	ロッシーニ	《タンクレアウス》序曲
1940年２月18日	レイフ・ヴォーン・ウィリアムズ	田園交響曲（交響曲第３番）
1940年２月25日	シベリウス	交響曲第２番　ニ長調
1940年３月10日	ジャン・フランチェスコ・マリピエーロ	交響曲第２番「哀歌」
1940年３月17日	J. S. バッハ	《管弦楽組曲第４番》序曲
1940年３月17日	アーロン・アフシャーロモフ	交響曲第１番　ハ短調
1940年11月24日	ヴィヴァルディ	四季
1940年12月15日	ムソルグスキー	はげ山の一夜
1941年１月12日	アルフレード・カゼッラ	スカルラッティアーナ

1941年2月9日	J. S. バッハ／M. レーガー編曲	ブランデンブルク協奏曲第5番
1941年2月23日	ガーシュウィン	ラプソディー・イン・ブルー
1941年3月30日	フランク	交響詩《呪われた狩人》
1941年4月6日	リムスキー＝コルサコフ	音画《皇帝サルタンの物語》
1941年4月13,17日	コダーイ	ハンガリー詩編
1941年10月19日	コダーイ	ハーリ・ヤーノシュ組曲
1942年1月18日	シベリウス	交響曲第2番　ニ長調
1942年4月19日	箕作秋吉	小交響曲　ニ長調
1942年6月30日	江文也	台湾舞曲
1942年12月9日	近衛秀麿	越天楽変奏曲
1942年12月9日	山田耕筰	明治頌歌
1942年12月17日	山田耕筰	マリア・マグダレーナ
1942年12月17日	山田耕筰	芥子粒夫人
1942年12月17日	渡辺浦人	交響組曲《野人》
1943年1月17日	リムスキー＝コルサコフ	見えざる町キテージと聖女フェヴォロニャの物語
1943年1月17日	グラズノフ	交響曲第5番　変ロ長調
1943年3月21日	チャイコフスキー	交響曲《マンフレッド》
1943年4月18日	呉泰次郎	主題と変奏
1943年5月2日	大木正夫	夜の瞑想
1943年5月2日	尾高尚忠	管弦楽曲《日本組曲》
1943年6月3日	ショスタコーヴィチ	組曲《黄金時代》
1943年12月8日	宮原禎次	布衍曲—箏曲《千鳥》より）

1943年12月8日	渡辺浦人	交響詩《闘魂》
1943年12月8日	深井史郎	交響的映像《ジャワの唄声》
1944年1月9日	尾高尚忠	管弦楽とピアノのための狂詩曲
1944年2月6日	グラズノフ	組曲《中世》
1944年4月15日	深井史郎	交響組曲《中国の歌》（奉祝南京遷都）
1944年4月29日	山田耕筰	明治頌歌
1944年12月24日	ブルックナー	交響曲第0番ニ短調
1944年12月31日	アルベール・ルーセル	蜘蛛の饗宴
1945年6月3日	レインゴリド・グリエール	赤いけしの花
1945年6月24日	ショスタコーヴィチ	ピアノ協奏曲第1番

ン楽派」とよばれるサークルをつくり、この作曲技法にもとづいた創作を始めていた、つまり調性をもたない無調音楽である。

　フレンケル（一八九七年、ベルリン生、一九八三年、米国没）は、裁判官でありつつも一流の音楽家であり、ベルリンの前衛的音楽状況のなかに身をおき、とくにベルリンにやってきたシェーンベルクの影響をつよく受けていた。

　フレンケルは上海到着後まもなく、工部局オーケストラに入団している。これについては彼自身が世界的指揮者、オットー・クレンペラーに手紙をかき、クレンペラーを通じて日本人指揮者、近衛秀麿に入団のための推薦を依頼したのであった。[注5] 避難民といえども、クレンペラーに推薦を頼めるだけの実力と人脈があったのであろう。フレンケルのような手段をもたない場合、同じ新ヴィーン楽派につらなる作曲家、ユリウス・シュロス（一九〇二〜一九七二年）やピアニスト、カール・シュタイナー（一九一二年、ヴィーン生まれ。上海からカナダに移住し二〇〇一年没）は音楽家、教育者として一流であってもナイトクラブで演奏し生計を立てるほか演奏活動に恵まれなかった。

フレンケルについては、一九三一年より上海に住み、中国伝統文化を自らの創作に生かす方法を模索していた作曲家、アーロン・アフシャーロモフ（コラム八）が息子に宛てた手紙のなかでこう述べている。「多くのオーストリアやドイツからの避難民音楽家のなかで、際立った音楽家は二人です。一人はヴァイオリニストのアードラーであり、もう一人は作曲家のフレンケルです。フレンケルは一流音楽家であり、シェーンベルクの信奉者で、多くの作品を作曲しています。また、博学な人物で、オーケストレーションに巧みで、理論家でもあります。人柄もよく、グリーシャ（グレゴリー・ジンゲル）を除けば音楽を真に語り合える唯一の人物です。[注6]（一九四〇年四月二十四日）」

フレンケルは、中国古典文学や日本の雅楽に関心をよせ、東洋的なテーマをもつ作品を創作している。おそらく、アフシャーロモフの創作活動を深く理解していたに違いない。文中のグリーシャことグレゴリー・ジンゲル[注7]もグロボワの評論にたびたび登場するロシア人作曲家、ピアニストである。自作の演奏やショスタコーヴィチのピアノ協奏曲のオーケストラ部分をピアノ用に編曲し、みごとに弾きこなすなど、その才能にはグロボワも最大級の賛辞をおくっていた。

さて、フレンケルは、オーケストラに入団するとともに、上海音楽学院の前身である国立音楽専科学校の作曲と音楽理論の教師としても迎え入れられた。

フレンケルは「作曲」という分野で、本格的なヨーロッパ水準の教育を行った人物である。彼は、一九四一年夏に着任し、学院での教育において、バッハの対位法やベートーヴェンらの古典派の和声と

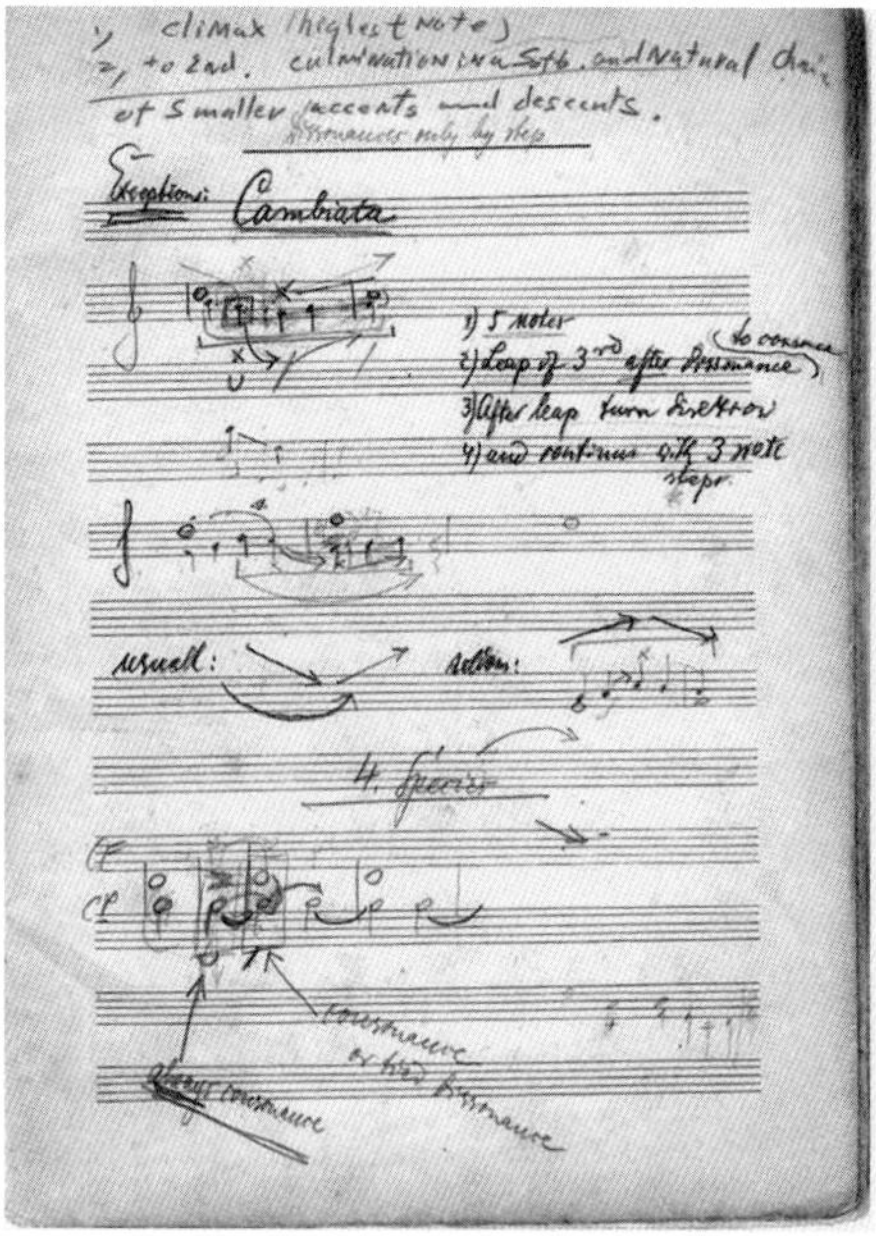

画像４　フレンケルの対位法教授時における自筆メモ（注８）

いったオーソドックスな作曲技法を教えていたが、その後、彼は学院の授業では基本的にはとり上げなかったが、古典的な作曲理論をこえた同時代の作曲技法をも「場合によっては」教えていた。英字新聞には「ピアノ、ヴァイオリン及びモダン・メソッドの個人教師」としてしばしば広告を出していた。弟子たちのなかでも、桑桐《サントン》（一九二三～二〇一一年）は自らの創作に色濃くフレンケルの影響を残している。フレンケルが一九四七年に米国に亡命したあとに彼の後任として作曲指導にあたったのは、十二音技法サークルの中心人物、アルバン・ベルクの弟子、友人として知られるユリウス・シュロスであった。新ヴィーン楽派に連なる二人の作曲家に師事した桑桐は早くも一九四七年に《夜景（イエジン）》というヴァイオリン作品を創作している。この作品は中国における最初の本格的な無調音楽の作品として記憶されることになる。

　フレンケルの弟子たちは、桑桐、丁善徳《ティンシャンター》をはじめとして、一九四九年建国以後の中国で文化大革命をはじめとする政治的圧力のなかで自由な作曲活動を行えず、またフレンケルの功績についても口を閉ざしていたが、近年ようやく、彼がいかに当時最先端のシェーンベルク一派の作曲技法を課外活動として教授したかについて明らかにしている。[注9]

上海租界末期の作曲界では、モダニズムのみならず、コンテンポラリー（現代音楽[注10]）の本格的な受容が始まっていた。

六　十二音技法とナイトクラブ

オットーとヴァルター・ヨアヒム兄弟は上海に逃れてきたとき、工部局オーケストラの楽団員になることを希望せずに、ダンサーたちが踊るナイトクラブの伴奏を選択した兄弟である。この兄弟のヴァイオリンとヴィオラ、チェロの腕前なら文句なしにオーケストラに入団できたはずだし、二人は室内楽などのメンバーとしてはライシャム劇場のステージに立つこともあった。二人はなぜオーケストラではなくナイトクラブを選んだのか、その疑問に対する答えはオットーの戦後、カナダ、モントリオールでの後半の人生が示している。

オットーはなによりもまず現代音楽、とくに十二音技法と電子音楽の作曲家であり、ピリオド楽器をはじめとする古楽器に精通する楽器製作者であり（楽器の構造ばかりかラジオにも精通していた）、室内楽のヴィオラ奏者でもあった。その才能を上海の楽壇ではほぼ封印したのは彼自身の芸術的前衛性を発揮する環境がなかったこと、つまり聴衆が好む古典的名曲をオーケストラメンバーとして演奏することに魅力を感じなかったからだと思える。もちろん、ユダヤ人亡命者が置かれていた厳しい生存競争もあってのことだが、彼はもっぱら楽壇の周縁、ナイトクラブで演奏していたのだった。ちなみに世界でもっとも信頼される『ニューグローヴ世界音楽大事典』に人名項目として記事が掲載されている上海の亡命音楽家はオットーとアフシャーロモフの二人である。

オットーは一九一〇年、ドイツ西部、デュッセルドルフの音楽一家に生まれ、生地やケルンでヴァイオリンとヴィオラの専門教育を受けた。ナチの台頭によりまずシンガポールに逃れ、一九三四年に上海に到着、一九四九年まで二十代から三十代にかけての十五年間を上海で過ごした。最後の亡命先はカナダ、モントリオールであった。カナダでは電子音楽や十二音技法などを用いる現代作曲家として活躍することになる。多才なオットーはいくつかの室内楽団での演奏、録音活動、中世の楽器の復元、音楽院での教育などにおいてカナダを代表する音楽家として高く評価され、二〇一〇年、九十九歳で逝去した。前述のフレンケルとも相通じるヴィーンの十二音技法につよく影響を受けた世代であった。オットーは晩年、あるインタビューに対して「私に影響を与えた作曲家はいません、特に好きな作曲家はヴェーベルンとメシアンです。若い頃の作品はエルンスト・クシェネク（Krenek）が書いた十二音技法についての小さな書物に影響を受けています」と答えている。代表的作品「コントラステス」（一九六七年）はボストン交響楽団、小澤征爾指揮で演奏されるなど、演奏機会にも恵まれていた。室内楽作品としては「ストリング・カルテット（弦楽四重奏）」（曲名）をはじめとする数多くの作品群があり、弦楽器奏者、とくにヴィオラ、ヴァイオリン奏者に作品の技術的難度が知られている。もう一つの創作領域、電子音楽作品においては光（照明）が重要な役割をはたす点が特徴的である。

このようにオットーの戦後の作曲活動とは対照的に、上海での十五年間、主たる仕事はダンサーの伴奏（ファーレンスという有名店では日本人スパニッシュダンサー、マヌエラこと和田妙子の伴奏をつとめ、その完璧な演奏で彼女をいたく感動させている）と、ライシャム劇場の向かい側にあり、楽器のリペアや欧州から楽譜の調達ができるため楽壇関係者のたまり場ともなっていた楽器・楽譜店の経営であった。おそらくオットーは芸術音楽においては妥協を許さず、生計のための演奏は軽音楽で、と明確に線引きしていたのかもしれない。数少ない芸術音楽の演奏機会は彼自身が納得できるプログラムである必要があった。ちなみに一九四八年五月にはヒンデミットの《ヴィオラとピアノのためのソナタ》作品十一の四（一九一九年作曲）をユダヤ人ピアニスト、アーヴィン・マーカスと共演し好評を博している。その一方で軽音楽のありとあらゆる音楽をナイトクラブやレストランで演奏するというスタイルも一九四九年に上海を離れるまで堅持していた。

そのようなオットーと弟のヴァルターが共演したロシア現代作品の演奏会の様子を仏語新聞の音楽批評を通してみておこう。それは上海楽壇のもっとも先進的な一面を示してくれるからだ。

この協奏曲においてソリスト的な役割をになうトランペットはロシア人、ドブロヴォルスキーが担当している。彼は上海交響楽団の首席トランペット奏者でもあった。

この演奏会のプログラムを仔細にみるなら、ショスタコーヴィチのピアノ五重奏曲とハチャトゥリアンのヴァイオリン協奏曲はともに一九四〇年に作曲されたものであり、一九四三年に演奏されたという「同時代性」にはあらためて驚かされる。演奏者には前出のオットー（ヴィオラ）とヴァルター・ヨアヒム（チェロ）の名前がある。リスキンとフィドロンは上海交響楽団の第一ヴァイオリン奏者であり、ピアノは作曲家でもあるグレゴリー・ジンゲルが担当した。メンバー中、二名が作曲家でもあることから、コンチェルトのピアノ版への編曲、そして演奏において作曲家がもつ作品分析力が存分に発揮されたことが想像できる。

この意欲的なプログラムに対して二日後の二月二十一日、『ル・ジュルナル・ド・シャンハイ』はグロボワの筆になる「コンテンポラリーなロシア音楽の演奏会」として演奏内容を絶賛する音楽批評を掲載している。このような高評価は希有なことで、グロボワの評論のなかでも例外的なものである。

少々長いが、この演奏会がいかにグロボワと聴衆を興奮させたかを伝えてくれる貴重な資料として引用したい。

この前の金曜日に開催されたロシアの現代音楽演奏会は、すばらしかった。その演奏を引き受けた芸術家の質は、特上の演奏を前もって予想できるものであると言わざるをえない。ジングル氏は、誰よりも先に、熱烈な賛辞をおくるに値する。彼はこの夜行ったように、一晩全体を務めることができるのにもかかわらず、なぜ彼自身のリサイタルを開くのをためらうのかを不思議に思う。実際、彼の技術は常に明晰さを保っているばかりではない。彼は、彼の演奏と響きを変化させること、そして、まったく異なった作品の中で、彼の個性と、音楽家としての彼の感性を際立たせることができる。

ハチャトゥリアンの協奏曲をみごとな弾き方で演奏したフィドロン氏は、長年にわたってわれわれに知られている。大変信頼できるヴァイオリニストであり、誠実な芸術家である。

シューシュリン氏は第一級の歌手で、もうあまり聴く機会がないのが残念だということを思い

画像5　「現代作品演奏会」広告　1943年2月19日　LJDS

広　告：2月19日金曜日　17時半よりライシャム劇場
演奏会：ショスタコーヴィチとハチャトゥリアンそしてシャポーリン
プログラム：五重奏曲………………ショスタコーヴィチ
　　　　　　ヴァイオリン協奏曲…ハチャトゥリアン
　　　　　　ロマンス………………シャポーリン
　　　　　　ピアノ協奏曲…………ショスタコーヴィチ
出演者：V. シューシュリン、G. ジンゲル、G. フィドロン、M. リスキン、M. マー、
　　　　オットーとヴァルター・ヨアヒム、V. ドブロヴォルスキー

おこさずにはいられない。

最後に、リスキン氏、マー氏、オットー・ヨアヒムとヴァルター・ヨアヒム氏の四重奏は、次の長所をもつ確かなアンサンブルを作っている。その長所とは、プロにおいてあまり見られないと思われているような、音楽を愛することと互いの技（わざ）を尊敬することである。そして、ドブロヴォルスキー氏が加わってこの優れたグループが完成した。

プログラムは、上海ですでによく知られている《トランペットと弦楽オーケストラとのピアノ協奏曲》と、つい最近、一九四〇年に作曲された《ピアノ五重奏曲》の、二つのショスタコーヴィチの作品を含んでいた。

今日のロシアの音楽家の中で、ショスタコーヴィチが、プロコフィエフ、ミャスコフスキーやモソロフとともに、ヨーロッパとアメリカで名声を博している人々のうちの一人であることに、理由がない訳ではない。旋律の豊かさ、リズムの力強さ、冗長な展開や水増しの軽視、昔の大家の技術を捨てずに独創的でいられる技術の確かさ、それらが彼らを現代の創作者の中で最上位に位置づけているのである。そして活力ともいえるようなある種の印象を与えている。穏やかな大胆さ、安心と安定である。歌は大きく、深い感情をもっている。おそらく気まぐれで、時々皮肉な幻想曲は、自発的なものであって、無理強いされたものではない。すべての特徴は、五重奏曲のフーガと間奏曲、スケルツォと、協奏曲のトランペットの部分の中に現れている。

シャポーリンの二つの歌曲も、二つの短い曲で判断するのは難しいが、最高のそして抑制された力についての概略を示している。

ハチャトゥリアンのヴァイオリン協奏曲は、まったく異質な活気をもっている。モスクワとレニングラードの音楽院は、独創的な創作者の学校を準備すると同時に、ロシアの地方音楽の調査を計画的に準備していた。この分野で、リムスキー＝コルサコフやリャードフ（Liadow）やリャプノフ（Liapounoff）のような作曲家が以前に行ったことは、始まったばかりの仕事を継続させるものであった。白ロシアからウクライナ、ヴォルガ、キルギス地方、グルジア、北のコーカサスの山々、そしてアルメニアの領土まで、真面目な研究者たちは民謡を掘り起こした。すでにいくつかの民謡集が出版され、ほかに数百という民謡集が出版準備中である。そしてそれらはきっと世界の音楽遺産に、豊かで貴重な貢献をするに違いない。

ハチャトゥリアン氏はアルメニア人で、彼の作品はアルメニアの主題に基づいて作られている。とりわけ彼の交響曲は大変すばらしい。その登場を待とう。彼のヴァイオリン協奏曲には、とにかくがっかりさせられた。そこには、面白くて好奇心をそそられる主題があり、いくつかの呼び声は東方の特徴をもっているが、すべてが技巧にのみこまれてしまっている。この協奏曲は、ヴァイオリン奏者のために書かれた作品である。この作品は、ヴァイオリンの数多くの特色を含み、ヴァイオリンの技巧家を引き立たせることができる。しかし、楽器演奏者向けに、手柄を立てるために作品を書くのか、音楽家が演奏する音楽を書くために作品を書くのかを知るべきである。前者の方法は、もう演奏されない協奏曲のあまたの作曲家の方法であり、時代遅れの方法である。後者は、未来永劫、決して忘れられることのない創作者の方法である。

この長文の批評から、この夜のプログラムが当地でのぞみうる最上級の演奏家によって構成されていたこと、上海楽壇が現代作品を心待ちにしつつも、厳しい批評眼をもつグロボワによって容赦なくある種の作品が批判されていたことを知ることができる。そしてグロボワは現代音楽事情を紹介、解説する自身の役割を自覚し、上海の音楽愛好家にむけて同時代の音楽について丁寧に「レクチャー」することも忘れなかった。彼は数年おきに母国に帰国しており、一九三七年には九ヶ月間フランスに帰国していることから、欧州楽壇の動向も把握しつつの評論であった。

ちなみに、ショスタコーヴィチの作品はこれ以降、上海交響楽団の定期演奏会でもとりあげられている。一九四五年六月三日にはバレエ組曲《黄金時代》が、そして一九四五年六月二十四日にはやはり《ピアノ協奏曲第一番》がピアノソリスト、スザンヌ・デクレティ（Susanne Declety）、トランペット独奏者、ドブロヴォルスキーを迎えて再演されている。

実は、この演奏会の前日、上海のユダヤ人たちに大きな衝撃を与える重大な布告が発表されていた。一九四三年二月十八日、日本軍はユダヤ人を「無国籍難民指定区域」に強制移住させることを布告し新聞紙上に発表したのだ。注11 このニュースを知ったユダヤ人たちは数年かけて上海で築いた財産や仕事を失い、環境劣悪な指定区域に集住させられること、その先に待ち受けるさらに苛酷な運命を予感し、絶望した。

ステージ上のユダヤ人たちはロシア系であるか、あるいは上海到着時期の早さによってこの布告の対象からはからくも外れていたが、ナチの長い影が上海をも覆う重苦しい緊張感のなかで、現代作品が高い完成度で演奏されたのであった。

大量の亡命者、難民を生み出した二〇世紀前半という時代、たとえそれが彼（女）らにとって不幸な、最悪の時代としても、この夜の劇場には音楽がもたらす至福の時間が流れていたであろう。演奏する側も客席も、劇場を満たす響きのなかにそれぞれの故郷、ペテルブルク、パリ、ベルリン、ヴィーンをはじめとする故郷の記憶をよみがえらせていたに違いない。

注

（1）主な先行研究書として次のものがある。
榎本泰子　一九九八年『楽人の都・上海―近代中国における西洋音楽の受容』東京：研文出版。
同　二〇〇六年『上海オーケストラ物語―西洋人音楽家たちの夢』東京：春秋社。
汪之成　二〇〇七年『上海俄僑音楽家在上海（1920's-1940's）』上海：上海音楽学院出版社。
湯亜汀　二〇〇七年『上海猶太人社区的音楽生活（1850-1950,1998-2005）』上海：上海音楽学院出版社。

（2）第七回定期演奏会（指揮はパーチと副指揮のA・フォア）を指し、チャイコフスキーの交響曲第六番《悲愴》をはじめ、イタリア八〇年代組の一人、カゼッラによる、バッハ＝カゼッラの《シャコンヌ》ほかが演奏された。

（3）阿部吉雄　二〇〇七年「上海のユダヤ難民音楽家」『言語文化論究』二十九ページ。

（4）この一覧表は、工部局年次報告の指揮者マリオ・パーチによる毎年のオーケストラ活動報告に記載された「上海初演作品」および上海交響楽団資料室作成の演奏作品一覧表（非公開）にあげられた作品の中で演奏年月日を外国語新聞により確定できたものからなる。したがって上海初演曲を完全に網羅したものではない。

（5）Utz Christian　2004　“Cultural accommodation and exchange in the refugee experience: a German-Jewish musician in Shanghai” In *Ethnomusicology Forum*, Vol13-1.p131-132.

（6）Avshalomov Jacob and Aaron　2002　*Avshalomovs’ Winding Way: Composers Out of China Chronicle*, Xlibris Corporation.p162

（7）グレゴーリー・ジンゲル（Gregory Singer）は一九一三年、ハルビン生まれのロシア人ピアニスト、作曲家。工部局オーケストラやレコード会社パテの専属ピアニストであり、評論家グロボワが評論中で高く評価し続けた音楽家である。戦後は上海音楽学院の教師となるなど、上海楽壇で活躍し、後にソヴィエトでオーケストラとの協演や創作活動を行った。プロコフィエフやスクリャービンら多くの作曲家の作品編曲を得意としていた。

（8）桑桐、陳銘志、葉思敏著「解放前上海音楽学院理論作曲専業的歴史回顧」『音楽芸術』（上海音楽学院学報・二〇〇七年、三：二十四〜四十ページ）にはフレンケルが音楽専科学校の学生、桑桐に指導した際、桑桐のノートに書き付けたメモが四枚掲載されている。フレンケルは一対一で教授し、直接、学生のノートに書き込むかたちで対位法などの説明を行っていた。

（9）桑桐　一九九〇年「紀念弗蘭克爾与許洛士——介紹両位原我院德国作曲教授」『音楽芸術』（上海音楽学院学報）第一期十四〜十九ページ。
同　一九九一年「《夜景》中的無调性手法及其他」『音楽芸術』（上海音楽学院学報）第三期五十六〜六十三ページ。
桑桐、陳銘志、葉思敏　二〇〇七年「解放前上海音楽学院理論作曲専業的歴史回顧」『音楽芸術』（上海音楽学院学報）第三期二十四〜三十九ページ。
秦西炫　二〇〇一年「回憶沃爾夫岡弗蘭克爾」『音楽芸術』（上海音楽学院学報）第一期十八〜十九ページ。

（10）現代音楽の定義はさまざまであり、いまだ定まっていない。時代的には、広くとれば二〇世紀以降の音楽、狭義では第二次世界大戦以降の音楽作品のなかで新たな実験的志向をもつ音楽を指す。二〇世紀音楽のなかで後期ロマン派と決別した反ロマン主義的傾向の作品に用いられることが多い。個々の作曲家についても、その作風によって現代音楽に含めるか否か判断は一定していない。

（11）一九四三年二月一八日に日本軍が新聞各紙に「無国籍難民居住営業区域の制限」に関する布告を行った。これによりドイツ、ナチの迫害から逃れてきたユダヤ人は共同租界の楊樹浦《ヤンジッポ》にある狭い指定地域に強制的に移住させられ居住と生業の自由を奪われた。指定地域内の建物に間借りし、仕事や学校に通うため指定地域を出るためには日本軍による通行許可証が必要であった。劣悪な衛生条件や環境のなかでこの地域はユダヤ人ゲットーと呼ばれていた。ただしロシア系ユダヤ人と一九三八年以前に上海に移住したユダヤ人はこの強制移住の対象外であった（参考文献〜関根真保　二〇一〇年）。

コラム

五　上海工部局オーケストラ

アジアで最古のオーケストラであり租界内の多国籍外国人によって構成されてきた特異な歴史をもつ。その前身、上海パブリックバンドは一八七九年に結成された。工部局の税金により運営されるこの公的楽団は当初、主にフィリピン人により構成されていた。楽団の発展は、イタリア人指揮者マリオ・パーチ（Mario Paci 一八七八〜一九四六年）の力によるところ大であった。パーチは二十三年にわたる「パーチ時代（一九一九〜一九四二年）」に、極東の租界に、本格的なオーケストラをつくろうとした人物である。彼は欧州よりすぐれた演奏家を上海に招聘した。その筆頭にあげられるヴァイオリニスト、アリゴ・フォアは一九二一年以降、三十一年間の長きにわたり上海にとどまり、コンサートマスター、およびパーチの後継者として指揮をとった。

一九二〇年代以降、オーケストラ団員数は最少時四十三名、最多時五十名、平均して四十五名であった。そのうちの約六割がロシア人であった。一九三四年を例にとれば、団員中、二十四名がロシア人であり、のこりの二十一名の内訳はイタリア、フィリピン、チェコ、オランダ、ポーランド、アメリカであった。（参考文献〜汪之成　二〇〇七年：二十七ページ）

一九二二年には名称を上海工部局オーケストラ（Shanghai Municipal Orchestra and Band）

と改め、欧州人、ロシア人による五十名規模のオーケストラとして、十月から五月までをシーズンとする毎週日曜日の定期演奏会を中心に夏の野外演奏会、ラジオ放送用の演奏など年間を通じ租界の楽壇の中心的存在として活動した。ただし、財政負担が大きいオーケストラの廃止議案がたびたび納税者会議に提出されていた。一九二三年に上海を訪れた音楽学者の田邊尚雄が「東洋一のオーケストラ」と評し、その演奏水準は亡命ユダヤ人、ロシア人の加入によりさらに高められた。バレエやオペラの伴奏にはロシア人指揮者、スルーツキーが起用され、二〇世紀のモダニズム音楽やショスタコーヴィチらの現代音楽作品もレパートリーとしていた。

日本からは山田耕筰、近衛秀麿、亡命中のユダヤ系ロシア人、エマニュエル・メッテル、ユダヤ系ドイツ人、クラウス・プリングスハイムらが客演指揮をとっている。一九四二年以降日本軍に接収され、邦人作曲家の作品を数多く演奏した。一九四三年十二月から翌年一月にかけて朝比奈隆がおよそ二ヶ月間指揮をとった。

戦後一九四七年には上海市政府交響楽団と改名、さらに新中国成立後には上海市人民交響楽団と改名し、黄貽鈞《ホアンイーチュン》が楽団史上初の中国人指揮者となった。一九九〇年代の改革開放後は、海外公演や客演指揮者の招聘など国際化を進めるとともに、二〇一四年には磯崎新と豊田泰久（音響設計家）によって設計された上海交響楽団音楽ホールをオープンさせた。現在の名称は上海交響楽団（Shanghai Symphony Orchestra）である。

六　国立音楽院（国立音楽専科学校）

中国初の西洋音楽教育機関である「北京大学附設音楽伝習所」は北京大学内におかれていたにもかかわらず、一九二七年、国立音楽院創設にあたって、選ばれた土地は上海租界であった。なぜなら、上海ならば、西洋人が蓄積したハード面（劇場、楽器、楽譜その他）、ソフト面（優秀な音楽家）で環境が整っていたからである。

工部局オーケストラ全体の約六割を占めるロシア人のなかでも、とくにすぐれた演奏家は、国立音楽院（英語名、National Conservatory of Music、のち国立音楽専科学校と改称、現在の上海音楽学院）の教授として迎えられた。

音楽院創設から十年のあいだに雇用された外国人教員は二十八名にのぼり、中国人教員十三名に対して全体の三分の二を占めるばかりか、ピアノ、チェロ専攻の「主任」はそれぞれ、ロシア人ザハロフ（B.S. Zakharoff）、シェフツォフ（I.P. Shevtsov）であったことからも、学院が外国人教師の雇用に積極的であり、すすんで西欧・ロシアのコンセルヴァトワール教育を取り入れていたことがわかる。ピアノ主任のザハロフはゴドフスキーに師事し、欧州各地で演奏、モスクワ音楽院の教授でもあったが、ヴァイオリニスト、セシリア・ハンセンの伴奏者としてアジア・ツアーに同行するなかで上海に定住することになった。彼の弟子、呉楽懿らが中国のピアニスト第一世代となり、その系譜は今日、内外で活躍するピアニストにまで広がっている。

主なロシア人教員名簿

ピアノ	Zakharoff B.S. Aksakoff S.S. Pribitkova Z.A. Margolinskii G. Lazarev B.M.	ペテルブルク音楽院卒業、モスクワ音楽院のピアノ教授 モスクワ音楽院卒業
ヴァイオリン	Antopolsky E. Gerzovsky R.B.	
チェロ	Shevtsov I.P. ※	ペテルブルク音楽院卒業、イルクーツク音楽院の教師
声楽	Schiller Ya. M. ※ Shushulin V.G. Levitina E. Selivanova E.I. Gravitskaia I.G. Slavianova N. Krylova M.G.	 ペテルブルク音楽院卒業
理論・作曲	Aksakov S. S.	ピアノと兼任

※印は工部局オーケストラのメンバー。着任年は1928年から1934年にかけて（参考文献～汪之成、2007年：72～79ページ、周国栄、2010年：11～22ページ）

七　シャルル・グロボワ（一八九三～一九七二年）

芸術評論家、教育家。シャルル・グロボワ（Charles Grosbois）は、フランス中部ブールジュで生まれ、古典文学と音楽学のディプロマを取得した。第一次世界大戦では右手を失う重傷を負ったため、得意のヴァイオリンを戦後は義手で演奏するようになった。上海には一九一九年に移り住み、フランス租界の教育総監やレミ小学校校長などの要職にあり、亡命ロシア人の音楽団体にも支援を惜しまなかった人物である。戦後は韓国でユネスコの仕事に従事したのち京都で関西日仏会館館長を六年間つとめ、春画に関する著書もある。フランスに帰国後一九七二年に没した（参考文献～趙怡　二〇一七年：二十四ページ）。

M. Ch. Grosbois, secrétaire honoraire

(Sanzetti Studio)

1941年 7 月14日 LJDS

音楽評論は日刊仏語新聞『ル・ジュルナル・ド・シャンハイ』に一九二九年以降、十五年余にわたり執筆を続けた。演奏会シーズンにあっては毎週評論を執筆しており、年間三十本以上の評論を発表していた。彼は深い教養と自らの音楽体験に根ざした本格的な批評活動を行い、ときに辛辣に演奏を批判、あるいは叱咤激励し、読者には欧州の最新の音楽情報を届ける啓蒙的文章に腕をふるった。他の英字新聞などにはグロボワの音楽評論に匹敵するものはなく、署名入りの長文評論は仏語新聞の特徴の一つとなっていた。彼はフランス語ラジオ放送の芸術監督でもあった。数年に一度は長期休暇をとり帰国していた。

八　アーロン・アフシャーロモフ（一八九四〜一九六五年）

アーロン・アフシャーロモフ（Aaron Avshalomov）はシベリア極東部、ニコラエフスク・ナ・アムーレ生まれのロシア系ユダヤ人作曲家である。生地で中国人住民に接するなかで、中国文化に関心をもち、後、チューリッヒ音楽院で作曲を学ぶ。ロシア革命後、米国に亡命、その後北京を経て一九三一年に上海に移住した。工部局図書館に勤務するかたわら、中国伝統音楽や戯劇（京劇）を研究し、それらと西洋音楽との融合を目指す創作活動を続けた。上海には一九四七年まで暮らし、自作品の指揮、初演を精力的に行った。作品の着想、テーマ、素材ともに中国伝統音楽にもとづいている点が特徴となっている。とくに京劇については自ら「中国舞劇社」を一九四一年に創設し、《五行星》（The Five Planetary Dieties・一九三五年）、《The Dream of Wei Lien》（一九三六年）、《古刹驚夢》（Incense Shadows・一九四一年）といった作品には京劇俳優を起用し京劇の舞踊や音楽をとりこんでいる。器楽作品に《The Hutungs of Peking》（北京胡同・一九二九年）、《ピアノ協奏曲》（一九三五年）などがある。息子との往復書簡集は上海での創作活動や戦時下の生活など上海楽壇を伝える貴重な証言となっている。アフシャーロモフが掲

M. A. Avshalomoff, qui a composé la musique de «The Dream of Wei Lien»
(Photo Skvirsky)

1936年12月6日 LJDS

げ目標とした音楽創作における「東洋と西洋の融合」は戦後、一九四五年十一月にライシャム劇場で初演されたオペラ《孟姜女》（The Great Wall）にその結実を示した。上海時代、彼の作品への高い評価とうらはらに興行的にはうまくいかなかったことも書簡から知ることができる。一九四七年に米国にわたり創作を続けた。

九　ウォルフガング・フレンケル（一八九七〜一九八三年）

フレンケル（Wolfgang Fraenkel）はベルリン出身の作曲家、ヴァイオリニスト。ユダヤ人強制収容所から脱出し一九三九年三月末か四月に上海に亡命。フレンケルは上海到着後まもなく、指揮者、オットー・クレンペラーを通じて「ピアノ、ヴァイオリン、ヴィオラをこなす多才な音楽家である」と近衛秀麿に推薦され、近衛の推挙を受けて上海工部局オーケストラに入団した。

フレンケルはベルリン時代の職業は裁判官であったが、一流の音楽専門教育を受けた作曲家、演奏家であり、ベルリン時代にシェーンベルクの影響をつよく受けていた。第二ヴァイオリン、ヴィオラ担当でオーケストラに入るとともに、指揮やユダヤ人声楽家のピアノ伴奏などでも舞台に立つなど多才な音楽的才能をもっていた。国立音楽院（すでに音楽専科学校と改称）の作曲と音楽理論の教師としても迎え入れられ、課外授業の際に「十二音技法」など最先端の作曲技法を桑桐《サントン》ら中国人学生に教授した。日本敗戦後、一九四七年に米国に亡命した。フレンケルの後任としてアルバン・ベルクの友人であるユリウス・シュロスが作曲を教授した。米国では、創作を続けつつもハリウッド映画の音楽を作曲し生計を立てた。

1942年10月　上海交響楽団集合写真より

第三章　上海バレエ・リュス

——極東でディアギレフを追い求めたカンパニー

一　上海バレエ・リュス

「上海バレエ・リュス[注1]（Le Ballet Russe）」について調べようとするなら二つの大きな壁があることに気づく。一つは圧倒的な資料の少なさである。工部局オーケストラに比べると公式記録というものが存在せず、当時のロシア語新聞ほか外国語新聞が重要な手がかりになる。もう一つの壁はロシア語である。新聞のロシア語は帝政ロシア、ペテルブルクの文化人のロシア語であり、ロシア語に通暁していたとしても読解の難度は高い。しかも活字は読みづらく経年変化のため新聞紙自体もかなり傷んでいる。この資料の少なさは「上海バレエ・リュスはディアギレフのバレエ・リュス（一九〇九～一九二九年）とは無関係」という日本国内の一部の認識を支えてきた。確かにディアギレフ亡き後、バレエ・リュス・ド・モンテカルロのように堂々とディアギレフ後継団体を名乗るカンパニーが存在した。近代バレエの系譜は欧米に限定され、そこに上海が入り込む余地はなかった。

しかし、極東の小さな劇場で近代バレエを真摯に追究したロシア人バレエ・カンパニーは確かに存在していた。彼（女）らは振付、音楽、美術、衣装などにおいて本家ディアギレフの近代バレエ再現を目指していた。オーケストラによる伴奏を常とし、拠点となる劇場をもっていた。本章では新聞資料によってこのバレエ団の実態を詳《つまび》らかにしていく。

戦時下の上海でロシア人バレエ団の上演をライシャム劇場で目の当たりにした日本人は少なくない。そのなかの一人、作家、武田泰淳は戦争末期、上海で文化工作に携わり、戦後二十年以上を経て、当時の日々を小説『上海の蛍』という作品のなかに生々しくよみがえらせた。小説中には戦時、上海に滞在していた文学者以外にも服部良一や小牧正英ら実在の人物が数多く登場し、租界内の文化状況を私＝武田の眼を通して鮮明に写し出している。しかも新聞を利用すれば小説で描かれた出来事を検証することができるのである。

バレエ観劇についてはこういうくだりがある。

　私は博士夫人を招待して、蘭心劇場へ連れて行く。ロシアバレエが観たいと、彼女が洩らしたからだ。庭のポプラが秋の風にそよぐ頃である。はやくから切符は手に入れていた。一番高い席を買った。おまけにロシア人の経営する菓子屋で、肉入り揚げパンも用意した。夫人は見慣れない支那服を着ている。（中略）

　演し物は「コッペリヤ」だった。哀れな道化人形は、美しい人形コッペリヤに恋をしている。糸に操られる人形の素振りを踊り手はする。白系ロシア人のバレリーナのタイツの片方に、小さな穴のあいているのが気になる。やがて、破局がくる。各国人入りまじった管弦楽団は、悲壮にして哀愁あふれる曲をかき鳴らし、吹き流す。最後に舞台の上方から、大きな皮長靴が現われて、道化を蹴り倒す。白いふわふわした衣装をつけたコッペリヤは、ひどく冷淡な印象を与える。幕が下りる。（一二〇～一二一ページ）

武田の上海滞在時期とあわせるならこのときの演目は確かに《コッペリア》であり、上海バレエ・

リュスにとって一九三六年以来、五度目となる十八番の演目上演（一九四四年十月十九日から二十二日までの四日間）であった。

《コッペリア》の人形役にはボブィーニナ、フランツ役にはシェヴリューギン、小牧正英も主要な役で舞台にあがっていたことがわかっている。戦争が長引き困窮がすすむ日本国内の一九四四年十月とは別世界のようなバレエの舞台がそこに存在していた。

上海バレエ・リュスは、租界消滅とともに団員たちは全員国外に四散してしまい、さらにはロシア人たちに師事した中国人ダンサーも新中国、共産党支配のもとでは租界時代の記憶を封印せざるを得なかったため「幻のバレエ団」となっている。しかし短いながらも結成から十二年間、数多くの古典および近代バレエ作品をオーケストラつきで上演した事実は再認識、再評価されるべきものである。

上海バレエ・リュス（上海では単に「バレエ・リュス」（Le Ballet Russe）と称されていた）とは亡命ロシア人が一九三四年十一月に上海で結成したバレエ団である。そのレパートリーは三十作品以上にのぼり[注2]、その約半数がディアギレフ・バレエ・リュスのレパートリーであり、公演総回数はライシャム劇場での公演だけで二〇〇回[注3]におよんだ（一〇五ページ一覧表参照）。フランス租界のライシャム劇場を根拠地とし、ごくまれな例外を除いて、多くの場合、ロシア人スルーツキーを指揮者とする工部局オーケストラの伴奏をともなって上演が行われた。このときから一九四五年まで、工部局オーケストラ、バレエ・リュスおよびロシア軽歌劇団および歌劇団は、ライシャム劇場を根拠地とする西洋舞台芸術の三つの柱であった。オーケストラは工部局の税金で運営されていた公的団体であったのに対して、バレエ・リュスや軽歌劇団には公的な財政支援はなく亡命者による民営団体であった。一九四三年、日

表１　上海バレエ・リュス上演一覧表（1935～1945年）

上演年月日（(2) は一日二回公演）	演目
1935年２月22日、23日、３月９日	レ・シルフィード、イーゴリ公、Masks of the City
1935年３月17日	レ・シルフィード、イーゴリ公、Fairy Tales
1936年１月19日、26日	白鳥の湖、ラプソディアーダ、はげ山の一夜
1936年11月13日、14日、22日、28日、29日	コッペリア
1937年１月15日、16日、17日、23日、24日、２月13日、14日	シェエラザード、アルミードの館
1937年11月26日、27日、28日	クレオパトラ、アレルキナーダ (Les Millions d’Arlequin)
1937年12月26日	コッペリア
1937年12月27日	クレオパトラ、アレルキナーダ
1938年２月３日、２月５日、２月６日	眠りの森の美女
1938年４月１日、４月２日、４月３日	奇妙な店、イ-ゴリ公
1938年５月14日、15日 (2)	レ・シルフィード、イーゴリ公、コッペリア
1938年11月３日、５日、６日 (2)、11日、13日	ドン・キホーテ
1939年１月12日、14日、15日 (2)、22日 (2)	白鳥の湖
1939年３月９日、11日、12日 (2)	金鶏
1939年５月４日、６日、７日、13日、14日	眠りの森の美女
1939年６月６日	薔薇の精、Auclair de la lune

1939年11月30日、12月 2日、 3日(2)、9日、10日	ノートルダム・ド・パリ
1940年 2月 1日、 3日、 4日、10日、11日	せむしの仔馬
1940年4月4日、6日、7日（2)	シェエラザード、アルミードの館
1940年5月24日	白鳥の湖、ライモンダ
1940年10月17日、19日、20日（2)	金鶏
1940年12月5日、7日、8日	くるみ割り人形
1941年 1月30日、 2月 1日、 2日(2)、8日（2)、9日	予兆、カルナヴァル
1941年3月6日、8日、9日（2)、15日（3)	四季、ステンカ・ラージン、
1941年5月1日、3日、4日	海賊
1941年10月23日、25日、26日（2)	ライモンダ
1941年12月9日、11日、13日、14日(2)、20日	フランチェスカ・ダ・リミニ、サトコ
1942年 2月 5日、 6日、 7日、 8日、15日	おもちゃ箱、光と影
1942年3月26日、29日、4月6日	コッペリア、眠りの森の美女
1942年4月1日（Grand Theatre)	クレオパトラ、光と影
1942年11月19日、21日、22日、29日	薔薇の精、スペイン奇想曲
1943年 1月23日、24日、25日、26日、27日	牧神の午後
1943年3月31日、4月2日、4月4日	白鳥の湖
1943年5月13日、18日、19日	アルミードの館、シェエラザード
1943年6月23日、24日、25日	せむしの仔馬
1943年10月6日、7日、8日、10日	金鶏

1944年1月11日、12日、15日（2)、16日	眠りの森の美女
1944年1月28日、29日、30日	イーゴリ公（オペラ公演）へのバレエ出演
1944年3月7日、10日（2)、11日、12日、13日	ドン・キホーテ
1944年4月2日，4日，8日，9日、21日、22日	カルメン（オペラ公演の一部として）
1944年5月11日、12日、13日、14日	海賊
1944年6月15日、16日、17日、18日	ペトルーシュカ
1944年7月2日	白雪姫
1944年10月19日、20日、21日、22日	コッペリア
1944年12月2日、3日	バラの精
1944年12月14日、15日、16日、17日	くるみ割り人形
1945年2月15日、16日、17日、18日、24日、25日、3月1日、2日、3日、4日	火の鳥
1945年4月20日、21日、22日、28日、29日	白鳥の湖
1945年7月5日、6日、7日、8日、9日、10日	ノートルダム・ド・パリ

本軍が「上海音楽協会」のもとにオーケストラを接収した際にバレエ団も接収されたが運営資金の不足に変化はなかった。しかし、不安定な亡命生活と経済的苦境のなかバレエ・リュスは一九三四年から一九四五年までの十二年間、ディアギレフのバレエ・リュス作品に挑戦し続けたのであった。

ところが、バレエ団が「租界」という半植民地地域において亡命者たちによって組織されていたこと、すなわち租界の瓦解＝亡命者の流出とともに、バレエ団も完全に消え去ったことから団の実態はもとよりその存在すら知られてこなかった。ディアギレフのバレエ・リュスの後継団体として一般にみとめられているのは、「バレエ・リュス・ド・モンテカルロ」と、モンテカルロの代表者バジル大佐と衝突したブルムとマシーンがつくった「ブルムのバレエ・リュス」の二団体である。これら二つの団体がアメリカとオーストラリアにバレエ・リュスの近代作品を広め、またこれら二つのバレエ団のダンサーがハリウッド映画に出演したこともバレエの普及に大きく貢献した。そういったディアギレフ以降のバレエ史のなかに残念ながら「上海」の文字はない。七四〇席あまりというライシャム劇場の小ささや本家バレエ・リュスとの関係の不確かさによって無視されたというよりも、当時、ロシア人亡命者たちが極東でこういったバレエ上演をオーケストラ伴奏で行っていたなど、だれも想像外のことであり、かつ戦争の混乱のなかで亡命ロシア人が自由に欧米と行き来できるわけでもなく、情報そのものが欧米には届かなかったのであろう。衣装や写真など舞台資料も租界から社会主義新中国への移行とその後の動乱により失われてしまった。それゆえ隣国の日本ですらいまだに上海バレエ・リュスの存在が広く認知されているわけではない。

当章では近年公開が進む新聞資料、すなわち一九三〇、四〇年代に上海租界で発行されていた露仏英の各国語新聞に掲載された評論や記事、とくにダンサーや舞台写真、広告を用いることによって、このバレエ団の実像を描き出していく。とくに、これまで正確な情報が欠けていた一九三五年二月に行われたバレエ団の旗揚げ公演については詳しく新聞で跡づけたい。これまで旗揚げ公演は一九三六年の《コッペリア》とされることが多かったが、これは誤りである。

二　一九三四年十一月、上海バレエ・リュス結成される

ハルビンは東清鉄道の建設によって中ロの交通要衝地としてさかえ、ロシア人コミュニティが一九二一年の最大時には十六万人以上にまで達したロシアの「飛び地」であった。とくに、ロシア革命以後は、音楽、バレエ、オペラの優秀な人材がハルビンに活路を見出し、西洋音楽や個人バレエ・スクールがつくられ、壮麗なロシア式建築が建ちならび、モデルン劇場（現、モデルン・ホテル）や鉄路倶楽部（現、ハルビン文化宮、画像1）を舞台に劇場芸術が活況を呈していた。しかし、日本軍の満州進出により政情がきわめて不安定になり、一九二〇年代後半から三〇年代には、ハルビン在住のロシア人の大半が上海へ、あるいは海外に移住していった。すぐれたロシア人ダンサーが大挙して上海にやってきたのにはこういった背景があった。ダンサーとして個人名がわかっているだけでも一〇〇名ちかくにのぼり、それらの上海へ移り住んだダンサーたちは、ハルビン時代と同様に個々人がばらばらに活動を行い生計を立てていた。

実際のところ、上海には多種多様なダンサーの仕事場が存在した。亡命者にもっとも人気があったオ

画像１　ハルビン旧鉄路倶楽部　2015年 筆者撮影

ペレッタ公演にはバレエが不可欠であった。オペレッタの舞台には、上海を代表するダンサーがことごとく出演していた。また映画に匹敵する連続公演はオペレッタにのみ可能であった。振付はソコーリスキーらが担当し、音楽はスルーツキー指揮の工部局オーケストラが担当していた。その他、不定期ながら舞踏会、すなわちステージをもちプロ・ダンサーがショーとして踊る場合も多かったバルあるいはボールへの出演、また上海に乱立するダンスホールやホテル、カフェなどでのジャズや軽音楽のバラエティ・ショーが人気をよんでおり、そのステージが常にプロ・ダンサーたちを必要としていた。芸術バレエのカンパニーがなくともダンサーには活躍の舞台があり、バレエ・スクールの経営で成功を収めるものも少なくなかった。租界内の富裕な中国人子弟も教室に集まるようになっており、中国では明月歌舞団など少女歌劇[注4]が人気を集めていた。

　ところが、一九三四年十一月、ダンサーたちは一堂に会し、結束してバレエ団を創設することになる。ハルビンでは数多くのダンサーがいたにもかかわらずバレエ団が作られることはなかった。では、いったいなぜ、上海ではこういった統一、結束といった動きが生まれたのであろうか。その背景を探ってみると、次のような時代背景が浮かび上がってくる。

　彼（女）らが移り住んだ上海の一九三〇年代とは、バレエの「新潮流」が次々と紹介された時期でもあった。新潮流とはクラシック・バレエとは峻別される「モダン・バレエ」「モダン・ダンス」である。

当時、欧米から一流音楽家や舞踊家を日本およびアジア各地に招聘し、「アジア・ツアー」を実施することがさかんに行われていた。それらの興行を実施していたのは、上海に三十年余にわたって居住していた亡命ユダヤ人興行主、A・ストローク（第四章に詳しい）であった。彼は上海に居を構えつつ、世界の音楽、舞踊情報を収集し、自らひんぱんに渡米、渡欧し、世界的アーティストの日本、上海を含むアジア・ツアーの采配を行っていた。たとえば、日本、上海、アジアで「モダン・ダンス」のパイオニアであり、アメリカではじめて本格的なバレエ教室、デニショーンダンス学校を創設した夫妻である米国のルース・セント・デニスとテッド・ショーンが公演を行ったのは一九二五年十一月のことであった。これは二年にわたるワールド・ツアーの一環であった。その後、モダン・ダンスの第一人者であったクロチルデ・サハロフ、アレクサンダー・サハロフ夫妻の公演（一九三一、一九三四年）やルース・ページとハラルト・クロイツベルクの公演（一九三四年）が上海で実施された。これらの当時最先端のダンサーたちは、ディアギレフ率いるバレエ・リュスが切り開いた近代バレエとは異なる新しい舞踊様式、モダン・バレエ（ダンス）のスペシャリストたちであった。ルース・ペイジはアンナ・パブロワの弟子であり、バレエ・リュス・モンテカルロにも参加したダンサーであったが、モダン・ダンスの開拓者の一人でもある。このツアーではドイツの新舞踏（ノイエ・タンツ）、表現主義舞踊の旗手として名を馳せたハラルト・クロイツベルクとともにエンバシー劇場のステージに立った（画像3は上海の新聞と日本の『会館芸術』に掲載された写真）。

サハロフ夫妻やルース・ページの相次ぐ公演とまぶしいばかりの成功は、生活のために芸術バレエを

表2　上海を訪れた海外舞踊家の公演（A.ストロークの招聘による）
（ストロークが企画した公演を英字新聞データベースから抽出）

年	ダンサー名	劇場名
1925	ルース・セントデニスとテッド・ショウン	オリンピック、オデオン
1928	アルヘンティーナ（スペイン舞踊）	タウンホール
1929	アルヘンティーナ（スペイン舞踊）	タウンホール
1931	クロチルド、アレクサンダー・サハロフ（ダンス）	エンバシー
1932	テレジーナ（スペイン舞踊）	エンバシー
1933	アサンション・グラナドス（スペイン舞踊とギター）	エンバシー
1934	ルース・ペイジ、ハラルト・クロイツベルク（モダン・ダンス）	エンバシー
1934	クロチルド、アレクサンダー・サハロフ（モダン・ダンス）	ライシャム
1935〜36	マニュエラ・デル・リオ（スペイン舞踊）	ライシャム

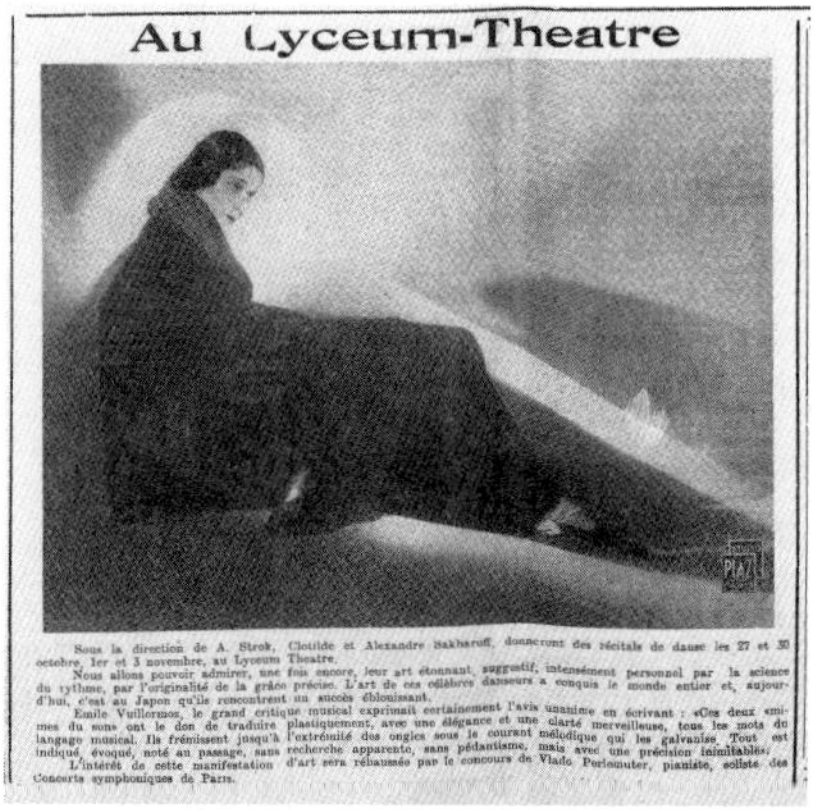
Au Lyceum-Theatre

Sous la direction de A. Strok, Clotilde et Alexandre Sakharoff, donneront des récitals de danse les 27 et 30 octobre, 1er et 3 novembre, au Lyceum Theatre.

Nous allons pouvoir admirer, une fois encore, leur art étonnant, suggestif, intensément personnel par la science du rythme, par l'originalité de la grâce précise. L'art de ces célèbres danseurs a conquis le monde entier et, aujourd'hui, c'est au Japon qu'ils rencontrent un succès éblouissant.

Emile Vuillermoz, le grand critique musical exprimait certainement l'avis unanime en écrivant : «Ces deux «mimes du sons» ont le don de traduire plastiquement, avec une élégance et une clarté merveilleuse, tous les mots du langage musical. Ils frémissent jusqu'à l'extrémité des ongles sous le courant mélodique qui les galvanise. Tout est indiqué, évoqué, noté au passage, sans recherche apparente, sans pédantisme, mais avec une précision inimitable».

L'intérêt de cette manifestation d'art sera rehaussée par le concours de Vlado Perlemuter, pianiste, soliste des Concerts symphoniques de Paris.

画像2　クロチルド・サハロフ　1934年10月21日 LJDS

断念しつつあったダンサーたちに刺激を与えたに違いない。つまり、欧米の最先端、一流のバレエ・ダンサー、しかしいずれも「モダン」・バレエの公演が相次いだことが、個々ばらばらの活動をつづけていた上海のダンサーたちにロシア由来の近代バレエを上演したいという情熱をとりもどさせ「バレエ・リュス」というカンパニーの結成を促したのではないか。もう一つの理由と推察されるのは、一九三一年十二月より映画専用劇場となっていたライシャムがこの年の五月に再び舞台芸術に特化した劇場として復活したことである。本拠地となりうる劇場および劇場三階の練習場の確保が可能になったことも結成の後押しとなったであろう。

バレエ団創始メンバーのなかで注目されるのが、クロチルド・サハロフとパリ時代に親交がありパリから上海へ亡命したバレエ・マスター、Ｅ・エリーロフである。彼は一九三五年の初公演を「アンナ・パヴロワとクロチルド・サハロフの二人に捧げる公演」と宣言し、モダニズム色のつよい作品をプロデュースした。上海バレエ・リュスは、その出発点では、エリーロフが掲げる「ディアギレフ以降のモダン・バレエ」を志向する側面を有していたのである。

画像3　ルース・ページ　1934年3月18日『ザ・チャイナ・プレス』

バレエ・リュスの結成を報じる記事はロシア語新聞に堂々掲載された。この記事の日付がバレエ・リュスの結成日とされている。

「上海のバレエ連盟」（一九三四年十一月十三日『シャンハイ・ザリャー』紙）

上海で東洋におけるロシア・バレエの連盟に関する発起人会ができた。そのボヘミアン集団では、F・シェヴリューギン（ダンサー）が「バレエ宣言」を読み上げた。力の分散について、その正しくない使われ方について、西欧におけるS・ディアギレフのスタイルによるバレエ・リュスを上海で創設する可能性について述べられた。宣言は大成功を収めた。

S・ランツォーフ、F・シェヴリューギン、M・フォーキン、Z・ラーリナ、T・スヴェトラーノヴァ、A・ロゴーフスカヤ、N・ソコーリスキー、E・エリーロフが名を連ねる発起人会は、当会の決議が十一月十三日火曜日にZ・ラーリナのスタジオ（カルディナル、メルシエール通り三四二番地）で行われるバレエ・ダンサーの全体組織集会で採択される予定であると事前通知をした。当日の議題は、別途告知される。

この記事から読みとれる重要なポイントは、結成するのは単にバレエ団ということではなく「ディアギレフのバレエ・リュス」のスタイルをもつバレエ団を組織するのだということを高らかに宣言した点である。

N・ソコーリスキー、E・エリーロフという二人のバレエ・マスター（振付および芸術監督）の名前があげられているが、彼らはともにディアギレフのバレエ・リュスを直接経験してきたと主張しており、これからつくる団体が、ディアギレフのバレエの後継を目指す団であることを結成時に明言したのである。

さらに結成宣言の翌日、ロシア語新聞『シャンハイ・ザリャー』紙に、バレエ連盟の結成を祝う詩が発表されている。

生きている、働いている、退屈している
歳月は過ぎていく
そしてさらに強くねがう
みなさん、一つにまとまりましょう
だが、暗鬱な疑念が襲うのだ
そのとき（筆者注：ソヴィエト建国）以来
統合ということになるとなにもかも
はっきりいって、うまくいかないものなのだ
口論と反目に明け暮れるだけ…
どれだけ主に祈ろうとも
ひたすら、討論、討論
さらに討論、際限なしにだ！
と、突如、瞬時に飛び交った
街中に喜ばしい知らせが。
統合がどこかにあるらしいと、

（中略）
詩人たちの間には連帯感はない
一つにまとまったのは…バレエなのだ！
（一九三四年十一月十四日『シャンハイ・ザリャー』紙　柚木かおり訳）

ソヴィエト建国以降、租界内のロシア人コミュニティのなかでは何一つ統合されるものはなく、いずれの分野でもソヴィエト支持派と反ソヴィエト派の二つ、あるいはそれ以上に分裂し、各人がそれぞれの主張を曲げず、一致団結ということにはならなかった。そのなかにあって唯一バレエがロシア人ダンサーの力の結集という目的に向かって動きはじめたことに、当時、ロシア人自身が驚き感動していたことがこの詩文から伝わってくる。

三　一九三五年二月、上海バレエ・リュスの旗揚げ公演

バレエ団の結成を宣言してから上海の冬の三ヶ月が過ぎた。

そしてついに、一九三五年二月二十二日、二十三日（追加のマチネー公演は三月九日）、ライシャム劇場にて前年十一月に結成されたバレエ・リュスの旗揚げ公演が盛大に行われた。三十五名のダンサーが参加し、オーケストラの伴奏によって三作品が上演された。

演目は上演順に《レ・シルフィード》、《都市の仮面（Masks of the City）》、《ポロヴェッツ人の踊り

（イーゴリ公）》であった。《レ・シルフィード》と《ポロヴェッツ人の踊り（イーゴリ公）》（ソコーリスキー演出）は、本家ディアギレフのバレエ・リュスの旗揚げ公演（一九〇九年）のレパートリーでもある。プログラム構成によっても「上海バレエ・リュスがディアギレフ・バレエ・リュスの後継団体である」ことを宣言したのである。ただし、エリーロフ演出の《都市の仮面》は異色の作品であった。この作品のみが古典作品や、ディアギレフのバレエ・リュスとは全く関わりのないモダン・バレエの新作であり、音楽は上海でジャズ、オペレッタ、イディッシュ語のコンサートなど多方面の活動を行っていた作曲家、ゲイグナー（D. Geigner）の作品を用い作曲家自身が指揮をとった。衣装も伝統にとらわれない破天荒なものであった。プログラム表紙は当時の流行、モダニズムを意識したもので、この時代らしい女性裸像のシルエットや近未来的な風景などのモダニズム調のイラストで飾られた。新聞に掲載された舞台写真からも、古典的なバレエではなくモダンな作品であったことがうかがえる。エリーロフはパリから上海にやってきたモダニズム志向の強いバレエ・マスターであった。バレエ・リュスの仕事では一九三六年に《ラプソディアーダ》、自主公演としては《レダ（Leda）》（一九三一年）や《ミラクル（The Miracle）》（一九三五年）といったモダンな作品を上海で発表していた。

プログラム
1《レ・シルフィード》　バレエ・マスター：ソコーリスキー
2《都市の仮面》　作曲、指揮：D・ゲイグナー、プロデューサー：エリーロフ
3《ポロヴェッツ人の踊り（イーゴリ公）》　バレエ・マスター：ソコーリスキー　オーケストラ指

画像４　旗揚げ公演の広告　1935年２月22日『ザ・チャイナ・プレス』

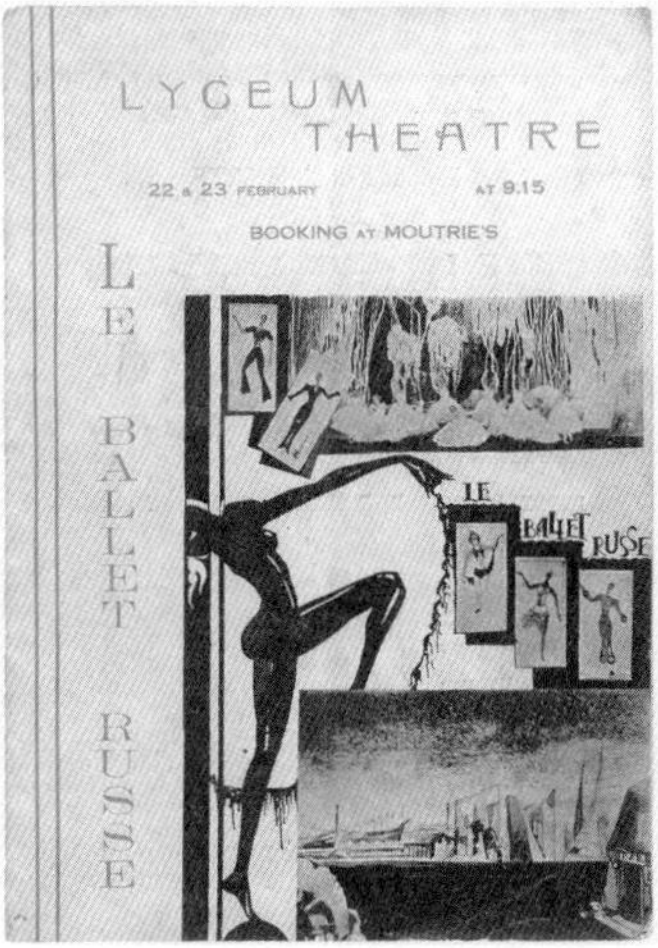

画像５　第１回公演（1935年２月22、23日）のプログラム表紙　ロンドンの古書店、ヘンリー・サザラン社所蔵
イラストの上段は《レ・シルフィード》、中段は《都市の仮面》の現代的な衣装を身につけたダンサーと女性の裸身シルエット、下段は近未来を感じさせる上海の風景

вать, Волгин заявил, что посовѣтуется со своим адвокатом.
Из суда Волгин был отправлен в арестный судебный дом, гдѣ и будет ожидать копіи приговора.

РУССКІЙ БАЛЕТ.

Матинэ в субботу в „Лайсеумѣ"

Балет Шопена „Сильфиды".

„Мы вновь живем".

Масленичный репертуар Р. Театра.

画像 6　《レ・シルフィード》の舞台　1935年 3 月 7 日『シャンハイ・ザリャー』

THE CHINA PRESS, FRIDAY, MARCH 8, 1935

Ballet Russe

A scene from the modernistic "Mask of the City" number, which is the feature of the fine performance of the Ballet Russe company. This number and two others will be given in a special matinee performance at the Lyceum Theatre tomorrow at 5.30 o'clock.

画像 7　モダン・バレエ《都市の仮面》の舞台　1935年 3 月 8 日『ザ・チャイナ・プレス』

画像9　エリーロフ（バレエ・マスター）1938年12月7日『シャンハイ・スロヴォ』

"MASKS OF THE CITY"

Miss Dora Yanouver takes the leading part in the ballet "Masks of the City" which is being produced by the "Ballet Russe" at the Lyceum Theatre, to-morrow and Saturday. This ballet, shown for the first time in Shanghai, has been conceived by Mr. Edward Eliroff, to the music of a local composer, Mr. Geigner.

画像8　モダン・バレエ《都市の仮面》のヤノーワ　1935年2月21日『ザ・ノース・チャイナ・デイリー・ニューズ』

揮：スルーツキー

一曲目の《レ・シルフィード》では古典的な衣装とロマンティックなショパンの音楽を、対照的に二曲目ではこの日のために書き下ろされたモダンな《都市の仮面》で現代的な音楽、衣装や振付を披露、最後をボロディンの重厚なオーケストラの演奏も堪能できる自信のロシア作品《ポロヴェッツ人の踊り（イーゴリ公）》というプログラミングである。

この旗揚げ公演は上海租界でどのように受け止められたのであろうか。グロボワはLJDSにて次のように評している。

「バレエ・リュス」（一九三五年二月二十七日　「上海の音楽」欄）

バレエ・リュスは二回の公演で、ホールを超満員にした。この二回の公演のリーダーであるE・エリーロフ氏を賞賛せずにはいられない。

一部の人たちは、不満で顔をしかめて比較する。というのも、主催者たちは彼女ら（パヴロワとサハロフ）に敬意を表したくて、プログラムの扉のページにアンナ・パヴロワとクロチルド・サハロフの肖像写真を載せるという軽率なことをしたからである。（中略）

そして観客は満足して帰った、これらすべてはよい兆候だ。

ショパンの作品によるバレエ《レ・シルフィード》は魅力的であり、入念に調整されていた。《ポロヴェッツ人の踊り（イーゴリ公）》は、全体としては少し混乱していたが、このダンスが持つ野性的な熱狂の雰囲気は保っていた。

《都市の仮面》は興味深い試みであった。しかし、単なる一つの試みであって、この地（上海）の演者には少し難しすぎた。ゲイグナー氏の音楽は、神経症の場面に元気がない。人間に定められた運命の表現は厚塗りで不自然なバラ色である。その表現がモダニズムを自負する時、表現は騒がしいばかりで、劇中の悪魔にとり憑かれた人物は月並みだ。このような音楽では、踊りと身振りは、シナリオの意図を表すことができなかった。ほとんどの演者の実際の才能と知的な努力にもかかわらず、本当のモダン・バレエというよりむしろダンスホールのための演目のような印象を抱いた。

マエストロ、スルーツキー指揮のオーケストラはよい出来ばえであった。

このようにグロボワは、ソコーリスキー振付による二つのミハイル・フォーキン（一八八〇〜一九四二年）オリジナル振付作品はまずまずとして及第点を与える一方、新作《都市の仮面》には辛口の批評を与えている。しかし全体的にはこの旗揚げ公演が成功であったこと、そしてなによりも、評論のタイトルを「バレエ・リュス」として、このディアギレフのバレエを思い起こさずにはいられない名誉ある呼称をこのバレエ団が掲げていることを認めている。つまり、旗揚げ公演は租界楽壇随一の学識者であり、パリの劇場文化に精通するご意見番の承認を得ることができたのである。二回の公演は超満員となりマチネー公演が追加され、さらに翌三月、フォーキンの二作品は別の作品と組み合わせて再演するという順調なスタートをバレエ・リュスは切ることができた。

四　上海で何が上演されたのか

上海での一九三五年の初演から一九四五年八月の日本敗戦までの演目を一〇五ページに一覧表としてまとめている。

一覧表にあるバレエ・リュスの演目を分類するなら、次のように大きく三つに分類できる。（＊は筆者未確認であるが先行研究書掲載のレパートリー[注5]）

（一）古典作品（帝政ロシアの伝統的作品）

《コッペリア》（1936、1937、1942、1944）
《アレルキナーダ》（1937）
《眠りの森の美女》（1938、1939、1944）
《ノートルダム・ド・パリ》（1939、1945）
《白鳥の湖》（1936、1939、1940、1943、1945）
《くるみ割り人形》（1940、1944）
《海賊》（1941、1944）
《ドン・キホーテ》（1938、1944）
《百万長者の道化師 Les Millions D'Arlequin》（1937）

《せむしの仔馬》（1940、1943）
《ライモンダ》（1940、1941）
《フランチェスカ・ダ・リミニ》（1941）
《ジゼル》＊

（二）上海バレエ・リュスの「オリジナル作品」

《都市の仮面》（1935）
《はげ山の一夜》（1936）
《ラプソディアーダ》（1936）リストとブラームスのラプソディーによる
《Auclair de la lune》（1939）月の光に（フランス民謡）
《四季（The Seasons）（生命の樹）》（1941）
《ステンカ・ラージン》（1941）
《第四交響曲》（1941）＊
《おもちゃ箱（La Boîte à Joujoux）》（ドビュッシー作曲、ピアノ伴奏）（1942）
《光と影（Lumière et Ombres）》（リスト作曲、ピアノ伴奏）（1942）
《スペイン奇想曲》（1942）＊
《パガニーニ幻想》（パガニーニ）（1945）＊
《春の魅惑》（チャイコフスキー）（1945）＊

(三) ディアギレフ・バレエ・リュスの作品

ディアギレフ・バレエ・リュスは多様な作品をレパートリーとしていた。つまり、

a 古典バレエに新たな振付、演出を行った作品(《白鳥の湖》、《眠りの森の美女》、《フランチェスカ・ダ・リミニ》など)

b ミハイル・フォーキン振付作品

c フォーキン以外の振付による作品(マシーン、ニジンスキーらによる振付作品)

ただし、タイトルだけでは上海で上演された作品が帝室バレエ振付作品である古典作品なのか新たな振付のバレエ・リュス版の古典作品なのか、を判断することは難しい。

トータルで三十演目以上にのぼるレパートリーのなかでも(三)bのフォーキン振付作品の数が圧倒的に多く、フォーキン作品こそがこのバレエ団の真骨頂であったことを示している。そのほとんどをフォーキンの弟子を自認するソコーリスキー(一八八九年、ペテルブルク生まれ。ディアギレフのバレエ・リュスに参加後、一九二七年にハルビンへ。その後一九二九年上海に到着、個人バレエ団および教室を創設)が振付、演出し、オペラとバレエ音楽を得意とするスルーツキーが指揮をとる工部局オーケストラで伴奏された。公演には必ずライシャム劇場が使われ、一九四五年、日本敗戦間際まで常に新作に挑みつづけたのである。

フォーキン振付作品　（劇場はすべてライシャム劇場、《クレオパトラ》（1942）のみグランド・シアター（大光明大戯院））
演目タイトル（ディアギレフ・バレエ・リュスの初演年）、上海での上演年
《ポロヴェッツ人の踊り（イーゴリ公）（1909）》（1935、1938）
《レ・シルフィード（1909）》（1935、1938）
《シェエラザード（1910）》（1937、1940、1943）
《アルミードの館（1909）》（1937、1940、1943）
《クレオパトラ（1909）》（1937、1942＊）
《金鶏（1914）》（1939、1940、1943）
《薔薇の精（1911）》（1939、1942）
《カルナヴァル（1910）》（1941）
《サトコ（1910）》（1941）
《ペトルーシュカ（1911）》（1944）
《火の鳥（1910）》（1945）

（三）cとして、マシーンとニジンスキー振付作品がある。
《奇妙な店（1919）》（1938）マシーン
《予兆（1933）》（1941）マシーン

《牧神の午後（1912）》（1943）ニジンスキー

このように作品一覧からも、このバレエ団がフォーキンの主要振付作品（年代でいえば一九〇九年〜一九一四年）をカバーしていることがわかる。そして、「フォーキンからソコーリスキーへ」、という振付の系譜があるとするなら、そもそも両者にどのような接点、直接的関係があったのかが問題となる。

小牧正英は戦後の自著のなかで「ソコーリスキーはフォーキンの弟子」と繰り返し記し、一九四二年、フォーキンがニューヨークで亡くなったニュースに接した際には、ソコーリスキーらとともにロシア正教の教会におもむき弔意を表したと回顧している。ソコーリスキー本人が弟子であると説明し、その振付によって周囲もその師弟関係を確信していた。小牧は次のように説明している。注6

「バレエ・ルッス」のメンバーを簡単に紹介すると、だいたい三つに分けられる。第一は、モスクワ青年バレエ団としてアジア地方に巡業していたグループと、デアギレフ・ロシアン・バレエ団が解散したためにその残党が参加した連中、それに、イギリスとイタリアから参加した舞踊家たちで組織されていたものである。（中略）バレエ・マスターのソコルスキイは、セントペテルブルグ（現レニングラード）のマリンスキイ劇場（現キーロフ劇場）の出身者であり、奥さんのパラノワはモスクワのボリショイ・バレエの出身者で、もう一人の振付者クニアーゼフもモスクワ出身者である。またこのバレエ団のプリメエルはフェドス・シュビリユーギンといって、マリンスキイの男性ソリストで、コンスタンチン・セルゲイフ（現キーロフの振付者）と同期の人であったし、彼の奥さんのラゴフスカヤはボリショイ・バレエの出身のプリマ・バレリーナである。もう一人のプリマ・バレリーナにオードリー・キングという英国人がいた。この人はレガットのバレエ学校出身の教師で、マゴー・フォンティンがサドラスウェルズ・バレエ団に入る前、ペギー・フウカムといっていた頃の先生で、私もこの先生から主にチケッティ・メソードによる訓練を受けた。（中略）イ・エリロフはデアギレフの仲間で、私は彼から後期デアギレフ・バレエ団のいろいろな面白い話を聞いた。彼は年をとっていたため、バレエではヴォルフガングとかカンタルビットのような役をやっていた。このような人たちによって組織されていたので『バレエ・ルッス』という名称も『デアギレフ・バレエ・ルッス』のレパートリーを継承していくためと、またマリンスキイ劇場のレパートリーを主に上演していたためである。

また、別の著書[注7]でも次のように説明している。

「上海バレエ・ルッス」を組織した人々は主にマリンスキイ劇場出身者とデアギレフ「ロシア・バレエ団」の残党が合流し合同したバレエ団である。

バレエ・マスターのソコルスキイはマリンスキイ劇場出身であり、指揮者のスルッツキーは、リムスキー・コルサコフが創立したペトログラード・コンセルヴァトワール出身で、マリンスキイ劇場管絃楽団オペラ・バレエの指揮者であった人。その他の画家スティパーノフやドムラチョフのスタッフはいずれもマリンスキイ劇場の出である。また、エリロフはデアギレフが一九二九年ヴェニスで病死したため解散となった「バレエ・ルッス」の残党で、この著の後尾にあるレガットの友人である。この「バレエ・ルッス」の名称はデアギレフ「バレエ・ルッス」のレパートリーとマリンスキイ劇場のレパートリーを主に上演するためのものである。

小牧が戦後、述懐するように、上海では二人のバレエ・マスターはディアギレフのバレエ・リュスと直接関係しており、フォーキンの振付を体験していたと考えられていた。

たしかに、一九四四年十月《金鶏》のプログラム冊子には次のような日本語解説が掲載されている。

金鶏「解説」

バレエ「金鶏」はプシュキンの同名の物語によりリムスキイ・コルサコフが幻想的な悲喜歌劇として作曲したものをもとにしてバレエ史上の偉才ミハエル・ホーキン（ママ）がバレエに振付けたものである。初演はディアギレフのバレエ・リュッスにより一九一四年五月に巴里で行はれ以来ドラマテイク・バレエの重要なレパートリイとなり、今でもモンテカルロのバレエ・リュッス等により再演されている。上海バレエ・リュッスのソコーリスキーはホーキン（ママ）の直弟子で正統の古典舞踊の大家であるからこの度の演出も全く本格的なものである。（後略）

このように当時、フォーキンとソコーリスキーは師弟関係にあると考えられていたが、二人の関係を示すディアギレフ時代のプログラムなどの一次資料は見いだされていない。おそらくフォーキンの公演にソコーリスキーは加わっていたものの、名前が掲載されるほどのダンサーではなく、ソリスト以外のコール・ド・バレエの一員というのが実際ではないだろうか。また、一九三八年にマシーン振付作品《奇妙な店》が上演されていることも眼をひく。この作品は一九一九年に初演されており、美術的にも前衛的な傾向が強い作品である。ソコーリスキーは一九一九年当時にディアギレフのバレエ・リュスの初演に居合わせたことになる。それ以降のディアギレフ作品は取り上げていない。おそらくフォーキン時代とマシーン時代のバレエ振付を身体で記憶したソコーリスキーは上海でそれらの作品を復元、再演した、ということになる。

そこで問題となるのは、バレエ・リュスは「どこまで本格的な公演を行っていたのか」ということである。オーケストラを伴い、多いときには一〇〇名のダンサーが参加したという公演の実態はどのようなものであったのか。この疑問を解くために、新聞に掲載された評論および写真から、バレエ・リュスの実像をよみとっていこう。

五　フランス語新聞のバレエ評論

一九三五年二月の初公演時にはエリーロフのモダニズム的傾向が前面にでていたが、その後、「エリーロフ」路線はとりさげられ、ソコーリスキー路線が主要な演目となっていった。

一九三七年一月には満を持して本家バレエ・リュスの代表演目である《シェエラザード》と古典作品《アルミードの館》が上演され、ミハイル・フォーキンのバレエ振付を学んだとされるソコーリスキーの振付作品がレパートリーとして定着していくことになる。

一九三九年にはやはりフォーキンの代表作品《金鶏》をソコーリスキーが振付し、上海初演を成功に導いた。《金鶏》はディアギレフと対立し離脱した振付師、フォーキンが再びバレエ・リュスに復帰した記念碑的作品であった。それはリムスキー＝コルサコフのオペラ作品をバレエに置き換えるという実験的試みでもあった。

評論家グロボワはバレエに対してもオーケストラの定演同様に公演ごとに批評をよせていた。グロボワの批評は当時の状況を鮮やかに伝え、豊かな情報をもたらしてくれる。

まず、《金鶏》初公演に対して、グロボワがどのような批評を与えたのかをみてみたい。

「金鶏」（一九三九年三月十二日。公演は一九三九年三月九、十一、十二日　LJDS「上海の音楽」欄）

バレエ・リュスは、《金鶏》で輝かしい成功をおさめた。

《金鶏》、一九一四年、パリ、シャトレ座。セルゲイ・ディアギレフ。ゴンチャローヴァ（Gontcharova）による舞台装置と衣装。フォーキンの振付！

バレエ・リュスの歴史において、《金鶏》は特別な位置を占めている。それは実際、歌と（脚本の）筋によるオペラが完全にジェスチャーとダンスに取って代わられた最初の試みなのだから。ダンサーは、役柄の全責任を負い、幕間の寸劇のように間をとりもつだけというのではなくきわめて重要な演技者となる。

画像10　「金鶏」の舞台　1939年３月15日　LJDS

そもそもバレエは、その揺籃期に何よりもまず「パントマイム」と呼ばれていたのではないか。ダンスについて語る時、必ずノヴェールまでさかのぼる。ノヴェールは、ダンサーに「演劇の表現の力強さと純粋さ」を強く要求し、さらに、ヴォルテールの《ラ・アンリアード》を上演することで本物の悲劇バレエを創造しようと考えていたのではないか。

マダム、サザーノワ[注8]は、次のように書いた。ディアギレフは、「肉体が情熱の魂を輝かせなければならないという、ダンスの重要な概念に戻ることを望んでいた。観客が『回転』の数を数えるような、単に技術的なだけのダンスや、感情のないダンスは、ディアギレフの興味をひかなかった。彼は、伝統的な完璧さを守りながら、生き生きとした魂をダンスに与えることを追求したのである。」

＊

《金鶏》の伝説をまったく申し分なく上演するにはライシャム劇場の舞台が狭すぎることはたしかだ。また、リムスキー＝コルサコフの音楽を表現するには、小さいオーケストラでは明らかに不十分だということもたしかである。

いくつかの些細な事柄も改良されるべきであろう。（中略）

この舞台全体が目の保養であり、舞台装置家から演出家まで、振付師からすべての役者ダンサーまで、すべてのグループを賞賛するばかりである。ビザンチン風の東方の伝説の、あふれんばかりの色彩、演劇の激しさ、豪快さと滑稽さをもった雰囲気は、知性と同じくらいの才能と創意工夫をもって全三幕のあいだ常に保たれている。

名前を挙げない人たちに対してお詫びしつつ、次の人たちを挙げよう。振付師兼演出家のソコーリスキー氏、舞台装置家のドムラチェフ（Domratcheff）氏、気持ちよく滑稽なクニャーゼフ氏とマダム、バラーノヴァ、下品な好色やアメリカ風の「男たらし」の「宿命論」という障害を避けるすべを知っていた、かわいい誘惑者のマダム、ヤーノヴェル、最後にマダム、オードリー・キング。彼女は、何人かのソリストの中でもわれわれがよく知っているダンサーだが、《金鶏》の大胆で我の強い個性をバレエ全体のあいだじゅう保つすべをとくによく理解していた。

画像11　上海バレエ・リュスの主要メンバー（上海交響楽団資料室所蔵、撮影年不詳）
上段　左：オードリー・キング（ダンサー）右：シェヴリューギン（ダンサー）
下段　左：ニコライ・ソコーリスキー（振付・演出）右：アレクサンドル・スルーツキー（指揮）

グロボワはバレエの専門家ではない、しかしパリでの《金鶏》初演（一九一四年）やこの作品がバレエ史のなかでもつ意義を、バレエ理論家のジャン＝ジョルジュ・ノヴェール（一七二七～一八一〇年）やユリヤ・サザーノワ（一八八四～一九五四年）の名を出し丁寧に解説しつつ、バレエ・リュスの挑戦に高い評価を与えた。

大型の近代作品《金鶏》の成功をばねに、バレエ・リュスはフォーキン振付主要作品のほとんどを日本敗戦にいたるまでに上演することになる。

六　一九四〇年代の快進撃

一九四一年の太平洋戦争開戦前の一年については、演目をみると毎月のように新たな作品に挑み、活動が最高潮を迎えていたとみてとれる。この一年の上演演目をみてみよう。

●一九四一年の上海バレエ・リュス上演演目（いずれも、伴奏は工部局オーケストラ、指揮はスルーツキーが担当）

一月、二月　《予兆》《カルナヴァル》
三月　《四季》《ステンカ・ラージン》
五月　《海賊》
十月　《ライモンダ》
十二月　《フランチェスカ・ダ・リミニ》《サトコ》

この中で《四季（ロシア語タイトルは生命の樹）》、《ステンカ・ラージン》は上海のオリジナル作品、《海賊》、《ライモンダ》、《フランチェスカ・ダ・リミニ》は古典作品、フォーキン作品と考えられるのは《カルナヴァル》と《サトコ》である。《予兆》（一九三三年初演）のみがマシーン振付作品である。

この時期の上演状況を知るためには、やはりグロボワの評論が重要な証言となる。たとえば、《予兆》については、主役をつとめたイギリス人ダンサーで、マーゴ・フォンテインの師であったキング夫人についての高い評価、ロシア人の団員たちへの賞賛がのべられ、しかしマシーンによる一九三三年のオリジナルな振付からは、「かけ離れた」振付であったと感想が述べられている。批評のなかにある「モダニストとクラシックの中間」、という言葉は意味深い。ただし、一九三三年、アメリカで初演された作品をどのようにして知ることができたのかについては疑問が残る。「モダンな作品、音楽はチャイコフスキーの交響曲第五番」といった情報だけで新たに上海で創作、振付されたのであろうか。マシーンはこの時期、著名な交響曲をもちいる「シンフォニック・バレエ」を次々と発表していた。

「グロボワの批評から引用」（一九四一年二月二日　LJDS）

キング夫人もチャイコフスキーの交響曲第五番（《予兆》）の解釈においてこうした試みをし、そして成功した。欠点がなかったわけではないが、一番重要なのは音楽とダンスが調和していた点である。両者の間に些かの齟齬もない。もっとも運命、行動、情熱、欲望、苦痛、不安、幸福という子どもっぽい表現による寓意にも危険が宿っている。しかしバレエ・リュスの団員たちがチャイコフスキーの音楽をよく理解し、感知したことと、ロシア人がもともと自然なセンスを持っていることによって、こうした危険も上手く回避された。

残念ながら不足もある——いくつかのアンサンブル、「苦痛」の召使、「幸福」の入場にも不足が見られるし、「情熱」などの衣装も十分に研究されていなかったので、精彩さを欠いていた。そして「不安」と「苦痛」も単調に感じられた——にもかかわらず、総じて音楽の内面的なドラマは上手く表現されている。

マシーンはすでにこの交響曲第五番の振付を書いたが、われわれは先週木曜日に、彼の構想とはかなりかけ離れたところにいた。われわれが目のあたりにした解釈はモダニストとクラシックの間にあるもので、でもマシーンのような芸術家の考えにはより近かったかもしれない。実際、上海という環境の中ではほかの選択肢もないだろう。そしてキング夫人に賛辞を送りたい点は、彼女が演じるパートから見られる才能と、こうした才能を最大限に発揮できたところであった。

シューマンの《カルナヴァル》の精神的な小さな絵と軽快なユーモアが《予兆》とは好対照である。それによってわれわれはダンサーたちの重要な進歩を見出すことができたし、これはまた将来にとってよい兆候であり、賛辞を送りたいところである。

バレエ・リュスがよく働いている。そして再生を図っている。工部局交響楽団の支持を得たし、公衆もその芸術的な質が疑いにくいものになることを期待している。将来バレエ・リュスは本当に恒久的な組織になる日が来るだろう。その時が来るまでに、われわれは依然として難癖をつけながら、そして待ちながら、「ブラヴォー、手放しに」と喝采を送る。

一九四一年十二月八日、ついに太平洋戦争が始まり日本軍が租界を占領したが、その直後もバレエ公演は続けられた。

バレエ・リュスの公演は通常、工部局オーケストラの伴奏つきで行われていた。そのなかで例外なのが一九四二年二月の二つのオリジナル・レパートリー、《おもちゃ箱（La Boîte à Joujoux)》（ドビュッシー作曲）と《光と影（Lumière et Ombres)》（リスト作曲《ロ短調のソナタ》）であった。ピアノ一台で伴奏されるという異例の上演をグロボワは次のように評価している。

「バレエ・リュス」（一九四三年二月八日　LJDS）

（前半略）

「土砂降りの雨だし、オーケストラはないし、これではうまくいきそうにない」と、バレエ・リュスのグループの一人の「仲間」が、喜びを押し隠して私にいった。

実際、雨は情け容赦なく降ったし、オーケストラなしの公演だった。それでも、その夕べは、見事に満席になったホールで「うまくいった」のである。（オーケストラの）演奏家連中は、バレエの仕事にあまり満足していない。そして、偉大な芸術という大きな信条に無造作に乗っかっている。この演奏家連中は、オーケストラというものが、管弦楽への編曲と、各パートの写譜を意味している（それ以上の意味はないと考えている）、ということを許容している。この演奏家連中は、以前のわがまま、以前の要求、練習に対する嫌気を許している。バレエ・リュスは、常にオーケストラが伴奏していた。そのオーケストラは、最悪の場合、凡庸だった。そして、嫌がるのをどうにか乗り越えて、バレエ・リュスに良いオーケストラを与えることができたときでも、その「よい」演奏家たちは、あたかも悪い演奏家のように演奏したのである。今の時代に、いやいやでも彼ら（オーケストラの演奏家）なしにはすまされないのは確かだが、しかし、彼らが連帯を口にしすぎるのは適切ではない。

ショーを見るためにバレエに来る人々は、（オーケストラがなくても）さほど被害を受けたわけではない。音楽を聴くと同時に舞台の舞踊の演技を見るために来る人々は、いっそう期待通りだった。ピアノという楽器は、ありふれているとしても、ピアニストは素晴らしかった。一番の賛辞がピアニストのジンゲル（G. Singer）氏におくられるべきである。ジンゲル氏は、優秀で器用な、そして正真正銘の演奏家であり、原典から外れた反復、カット、場面転換のつなぎ、フィナーレにわれわれが文句のつけようがないほどの演奏家である。プログラムは、リストの《ロ短調のソナタ》とドビュッシーの次の作品であった。《玩具箱》、《パックの踊り》、《グラナダの夕べ》、《ゴリウォーグのケークウォーク》、《サラバンド》、《パスピエ》、《春のロンド》、《雨の庭》。

《玩具箱》は、オーケストラに編曲されていて、《ゴリウォーグのケークウォーク》もそうである。しかしほかの曲は、少なくとも私の知る限り、オーケストラに編曲されていると堂々と公言できる曲は一つもない。メイドイン上海の編曲は、何をもたらすだろうか。ドンチャンした音、ごたまぜの色、騒音だろうか。しかし、（もしそんな編曲をしたら）ドビュッシーのリズム、響き、暗示、詩情そのものは、どうなるのだろうか。

（中略）

さて、踊りについて話そう。

リストの《ロ短調のソナタ》が、今回のバレエ作品《光と影》に対応している。その脚本と振付は、クニャーゼフ氏によって決められた。「ラ・ベルチュ（美徳）」という名をもつ者は、二人の姉妹を育てる。一人は、清純なままであり、彼女の人生において運命づけられた清純な男性をためらいなく愛する。もう一人は、悪から悪、誘惑から誘惑へとだんだん下へ、誠実な愛によって罪が購われる日まで落ちて行く。（二人の）象徴は、安易で少し単純すぎていて、ほかの、哲学に関わりをもたない人たちのことは別にしても、リストの作品におけるロマン主義の最低レベルにある。

われわれは、一八四八年にいることを忘れないでおこう。そして、アンドレ・シュアレス[注9]は、いみじくも次のように言った。「そこにこそ対照の詩法がある。勇壮な勢いの絶え間ない戦い、幸福と苦しみの戦い、幸せな明かりと影というおきまりの対比、ロマンティックなものすべての核心である著しい対照…、彼らの芸術では、すべてが二元論だ」。

マダム、コジェーヴニコヴァのラ・ベルチュ（役名）は、とても清楚で、きっちりしていて重々しかった。マダム、ボブィーニナのラ・ベルチュは、かわいく、スヴェトラーノフ氏のラ・ベルチュは、健康に輝いていた。略式の喪服をまとった悪者役のシェヴリューギン氏は悪魔のようで必死であった。マダム、アンターレスの悪役は、アクロバティックで情熱的で元気があった。

いくつかのささいな間違いがある。たとえば、立派な（男性）ダンサーの白いレーヨンのショートパンツや、黄色いまがいもののモダンな縞のタイツである。一九二五年の「装飾芸術」[注10]、つまりアール・デコの様式は時代遅れだが、全体の調和はとれているし、試みられた努力は称賛に値する。

《玩具箱》の方が（《光と影》より）さらに称賛に値する。ソコーリスキー氏は、そこに、巧みで知的なそして機知に富んだ振付を示した。その振付は、ドビュッシーの意図を完璧に尊重している。よく知られているように、ドビュッシーは、スコア自体に、音楽と同時に思い描いた身振りと踊りを注釈として書き添えているのである。舞台装置についても指摘しよう。ドムラチェフ氏は、その舞台装置のためにアンドレ・エレの絵本を思い出し、幸せな気分でその舞台装置を制作した。[注11]ドビュッシーは、次のように書いている。「我々は玩具箱の中にいる。玩具箱は、おもちゃが人のように生きている町のようなものである。あるいは、その町そのものが、人がおもちゃのように生きている玩具箱かもしれない」。

演技者たちを賞賛しよう。とくにマダム、コジェーヴニコヴァ、スヴェトラーノフ氏、シェヴリューギン氏、ほかの幕間の寸劇に出演した人たちも賞賛しよう。寸劇の中では「ケークウォーク」がすばらしかった。すべては素敵で趣味がよく、そして、音楽の微妙な皮肉は知性をもって演奏された。

この評論からもわれわれは、バレエ・リュスが新たなレパートリーに意欲を燃やし、音楽、衣装、美術、そしてダンサーたちが質の高い舞台作品を生み出そうと力を尽くしていたこと、また通常、バレエの伴奏を担当していたオーケストラがその仕事にあまり熱心ではなかったことなどを知ることができる。フランス人の辛口評論家がドビュッシーの音楽に新たに創作されたバレエを賞賛するほどにこのカンパニーは充実期を迎えていた。

日中戦争末期になるとバレエ団の活動は逆風にあらがうかのようにさらに活発になる。一九四四年六月にはストラヴィンスキー《ペトルーシュカ》が、一九四五年三月には同《火の鳥》がそれぞれ四日間と十日間連続上演されていたのである。

一九四四年、ついに《ペトルーシュカ》が初演された際、グロボワは音楽評論欄で次のように述べている。「この前の木曜日、ペトルーシュカがついに上海で上演された。観衆は、振付の観点からも音楽の観点からも特殊なこのバレエを前に、少しびっくりしたようだった。いずれにせよ、全体としては、こんなにも難しい作品を、舞台関係者は結果として、自らの名声を上げるかたちで舞台にかけたのだ。われわれはお祝いを述べるしかない」。

さらに、グロボワは個々のダンサーを《ペトルーシュカ》評論のなかで次のように評価している。

「バレエ・リュス」（一九四四年六月十八日　LJDS「上海の音楽」欄）

ソリストたちだけが、（作品を）理解していた。そして、結局、それが一番重要なことである。マサヒデ氏（筆者注、小牧正英を指す）は、感情的な、苦しい、取り乱した、常軌を逸し

画像12 《ペトルーシュカ》舞台写真（上海交響楽団資料室所蔵）

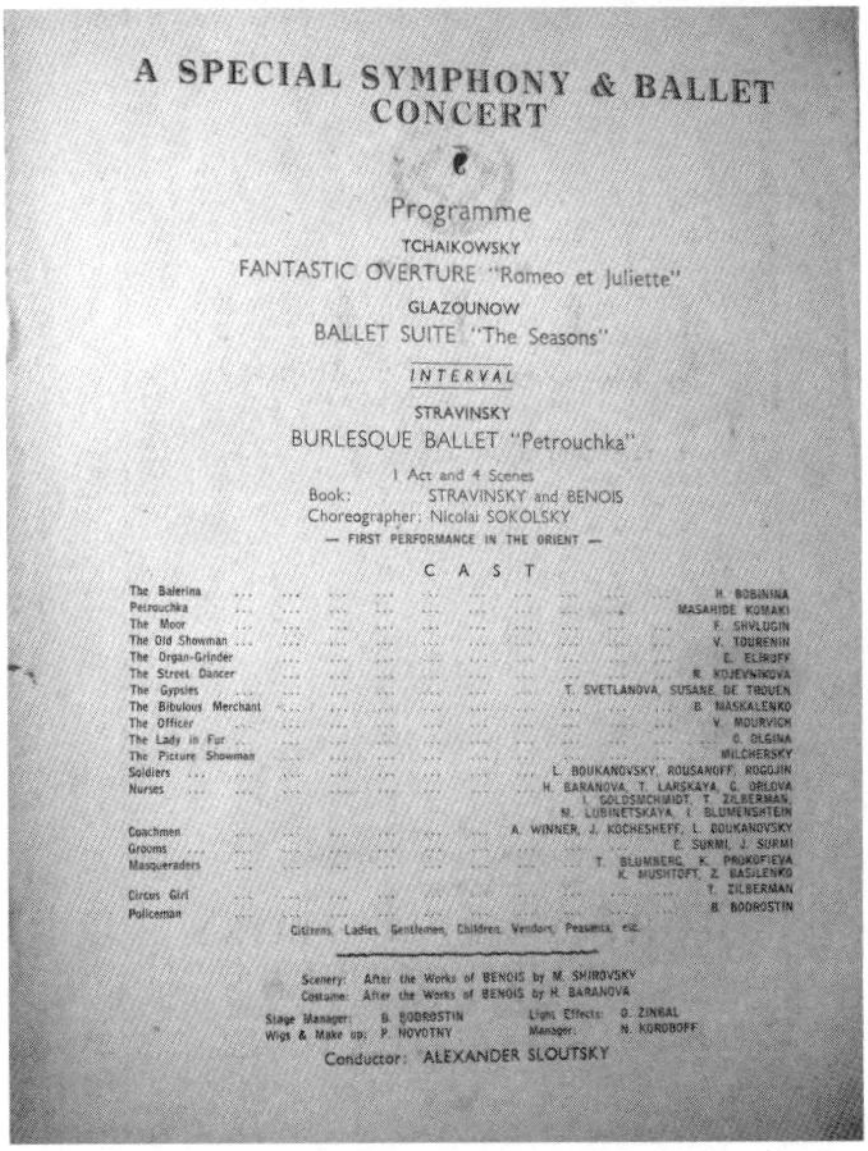

A SPECIAL SYMPHONY & BALLET CONCERT

Programme

TCHAIKOWSKY
FANTASTIC OVERTURE "Romeo et Juliette"

GLAZOUNOW
BALLET SUITE "The Seasons"

INTERVAL

STRAVINSKY
BURLESQUE BALLET "Petrouchka"

I Act and 4 Scenes
Book: STRAVINSKY and BENOIS
Choreographer: Nicolai SOKOLSKY
— FIRST PERFORMANCE IN THE ORIENT —

C A S T

The Balerina	H. BOBININA
Petrouchka	MASAHIDE KOMAKI
The Moor	F. SHVLUGIN
The Old Showman	V. TOURENIN
The Organ-Grinder	E. ELIROFF
The Street Dancer	R. KOJEVNIKOVA
The Gypsies	T. SVETLANOVA, SUSANE DE TROUEN
The Bibulous Merchant	B. MASKALENKO
The Officer	V. MOURVICH
The Lady in Fur	O. OLGINA
The Picture Showman	MILCHERSKY
Soldiers	L. BOUKANOVSKY, ROUSANOFF, ROGOJIN
Nurses	H. BARANOVA, T. LARSKAYA, C. ORLOVA I. GOLDSCHMIDT, T. ZILBERMAN, N. LUBINETSKAYA, I. BLUMENSHTEIN
Coachmen	A. WINNER, J. KOCHESHEFF, L. BOUKANOVSKY
Grooms	E. SURMI, J. SURMI
Masqueraders	T. BLUMBERG, K. PROKOFIEVA K. MUSHTOFT, Z. BASILENKO
Circus Girl	T. ZILBERMAN
Policeman	B. BODROSTIN

Citizens, Ladies, Gentlemen, Children, Vendors, Peasants, etc.

Scenery: After the Works of BENOIS by M. SHIROVSKY
Costume: After the Works of BENOIS by H. BARANOVA

Stage Manager: B. BODROSTIN　Light Effects: O. ZINBAL
Wigs & Make up: P. NOVOTNY　Manager: N. KOROBOFF

Conductor: ALEXANDER SLOUTSKY

画像13 《ペトルーシュカ》プログラム　1944年6月
（上海交響楽団資料室所蔵）

た、時折幻覚に陥らせる、そういう状態になる術を知っている。シェヴリューギン氏は、アフリカの熱狂、成金の満足、予兆に対する不安に満ちた心配、粗野な荒々しさをもっている。最後にマダム、ボブィーニナは、彼女の役を創る術を知っていて、新境地を開いた。彼女は、次の危険を避けた。すなわち、コッペリアのような機械的な操り人形、偽りのこび、そして色っぽい下品さの危険である。彼女は、かわいくて冷静で、魅力的で遠慮深く、自然な動きである。不幸な魂の期待はずれの微笑みの、好ましくない魔術は、何も与えるものがない。おめでとう。

一九三五年の旗揚げ公演以来、ときに厳しい批評を書きつづけてきたグロボワが個々のダンサーに手放しの賛辞を送るまでに上海バレエ・リュスは成長を遂げたのであった。そしてその勢いが最高潮に達したと同時に日本が敗戦し、ほどなく上海バレエ・リュスは幕を閉じた。

団の中心人物でありつづけたソコーリスキーは日本敗戦後も上海にとどまり、国民党統治下の上海で一九五三年まで「上海実験戯劇学校（上海戯劇学院の前身）」でバレエの指導を行っていた。その弟子のなかからは建国後の新中国バレエ界の第一人者でありバレエ《白毛女》の創作チームの胡蓉蓉[注12]を筆頭に、趙青、丁寧ら錚錚たるダンサーを輩出した。ソコーリスキーが上海を去った後も、ニーナ・コジェーヴニコヴァは上海に一九五四年まで残っていた。新中国建国後も亡命者たちによるバレエ・スクールでのダンサー育成は継続されていたのである。

七　東洋のバレエ・リュスを再評価する

一九三四年以来、バレエ・リュスは着実に力をつけていった。一九三〇年代にはシーズン中に新しい演目は一作品から三作品、公演日も三日間程度であったのが、一九四一年には毎月のように新作品が上演され、公演日数も戦時下の一九四三年から四五年にかけて増え、多い場合は一九四四年二、三月の《火の鳥》のように十日間連続公演も行われた。結成から日本敗戦までの期間、新聞から抽出できた公演数は本拠地ライシャム劇場のみに限定しても二〇〇回にのぼる。

上海租界には数多くの劇場が存在していたが、映画専用劇場が多く、西洋式の舞台芸術専用劇場はライシャム劇場のみであった。オペラやバレエにはあまりに小さすぎる七四〇席余りの小劇場である。しかし、音響のよさ、設計のよさから、芸術関係者から高い評価を受けていた劇場でもあった。実際、現存する劇場に座ってみるとどの位置からもステージがよく見え、音響もすばらしい。当時はバレエ・ダンサーの細かな動きやオーケストラの演奏をどの席からも十分に堪能できたことが想像できる。

小劇場とはいっても、バレエ公演の場合、演目ごとに舞台美術や衣装には多額の費用がかかる。そのうえ、毎回伴奏は工部局オーケストラが担当していた。現代においてもバレエをオーケストラの伴奏で上演することは簡単なことではない。まして、戦時下の上海では、バレエ団の維持と資金上の困難は想像にあまりあるものであった。

しかし、本論でみてきたように、バレエ関係者たちは一九三四年の結成から租界消滅まで、途絶えることなく上演活動を続けていた。それも、二〇世紀の作品を次々と上演し、ストラヴィンスキーの代表作品、《ペトルーシュカ》、《火の鳥》など「オリエント初演」というバレエ史に残る上演を積み重ねていた。

バレエ団はペテルブルクやモスクワの過去の栄光、帝室バレエの古典的作品に寄りかかるのではなく、二〇世紀、同時代のバレエに果敢に取り組む姿勢をとりつづけた。

とくに本書では「新聞」という新たな資料を用いることによって、一九三五年の旗揚げ公演について、さらにはバレエ団にとって節目となる公演について正確かつ詳しい上演実態を明らかにしようとした。団がソコーリスキーのみならず、エリーロフというモダン・バレエのプロデューサーをリーダーとしていたこと、しかしその後、モダン・バレエ路線ではなく、バレエ団がソコーリスキー路線、すなわちフォーキン振付作品路線へと路線を定めたこと、ディアギレフのバレエ・リュスのレパートリーであるフォーキン振付作品を主軸とするカンパニーであったことが明らかになった。新聞に掲載された数多くの舞台写真からはディアギレフの舞台芸術の影響を色濃く反映した手のこんだ豪華な舞台美術が制作されたことやディアギレフ時代の衣装を踏襲していたことも確認できる。

租界消滅とともにバレエ団はその歴史を閉じることになったが、バレエ・ダンサーたちは再亡命先のオーストラリア、ソヴィエト、米国などで活動を続けた。一方、租界消滅後も数年は上海にとどまったロシア人のバレエ・スクールで学んだ中国人ダンサーも建国後、活躍することになる。ソコーリスキーの弟子、胡蓉蓉は中国建国後の代表的バレエ・ダンサーであり、集団創作バレエ《白毛女》（一九六五年初演）を手がけるなどバレエ・マスター、教育者としても活躍した。唯一の日本人ダンサー小牧正英

画像14　《火の鳥》プログラム表紙
1945年2月（上海交響楽団資料室所蔵）

は戦後、日本のバレエ界を牽引する役割を果たした。[注13]小牧が東京や大阪で日本初演を行ったプログラムは、まさに上海でオリエント初演となった《火の鳥》《ペトルーシュカ》など、ソコーリスキー振付作品であった。小牧バレエ団のプログラムや公式ウェブサイトには上海時代のグロボワのバレエ評論、《ペトルーシュカ》公演での小牧への賞賛のことばが引用され続けている。

二〇世紀のバレエ上演史のなかで、一九三〇、四〇年代、東洋にディアギレフ・バレエ・リュスのレパートリーを上演し続けていた団体が存在したという事実はディアギレフ関連、バレエ・リュス関連の研究においてこれまで言及されてこなかった。先行研究は数少なく、いずれも英語ではなく、中国語、日本語、ロシア語で発表されてきたことから、欧米のバレエ・リュス研究者に情報が入らなかったという事情もある。

しかし、「東洋のバレエ・リュス」の十二年間の活動は当時の新聞にその足跡を鮮明に残していた。その活動は二〇世紀バレエ史に記憶されるべき上演史であった。

注

（1）正式名称は英字、仏語新聞やプログラムでは Le Ballet Russe、ロシア語では русский балет と表記されていた。中国語では一九四〇年代、上海俄国舞劇団と表記されていた。ディアギレフのバレエ・リュスは結成当初は Le Ballet Russe と称し、その後、複数形の Le Ballet Russes を用いた。

（2）レパートリーの総数は一九三四年の結成から一九四五年八月までの期間におけるものである。一九四五年八月以降も活動は続き、一九五三年に完全消滅したとされる。糟谷里美によると一九四五年には《サロメ》（グラズノフ）、《月光》（ベートーヴェン）、一九四六年には《愛の泉》（アサーフィエフ）といった新たなレパートリーが上演された（参考文献～糟谷里美　二〇一四年：一〇九ページ）。

（3）公演回数は英字新聞、『ザ・ノース・チャイナ・デイリー・ニューズ』および仏語新聞から抽出した。一九四一年から四五年までのライシャム劇場での公演については（参考文献～趙怡　二〇一五年：二四三～二九三ページ）を参照し、『ザ・ノース・チャイナ・デイリー・ニューズ』からの抽出については、藤田拓之が作成した一部、未発表の年表を参照した。

（4）児童音楽、流行歌の作曲家であった黎錦暉（一八九一～一九六七年）は《毛毛雨》など国民的流行歌の作曲家として知られているが、一九二七年、中華歌舞団（明月歌舞団の前身）を立ち上げた。同時に中華歌舞専科学校を創設し歌舞劇の訓練と興行とを結びつけた。この歌舞団には作曲家、聶耳、女優（歌手）の白虹、周旋らが加わり、国内はもとより東南アジア各地を巡演し大きな反響をよんだ。黎錦暉は児童歌曲、児童歌舞劇の創作にも力を注ぎ、その作品は中国全土に少女歌劇ブームを巻き起こした。一九二〇年代から四〇年代にかけて中国各地に類似の少女歌舞団が設立され西洋のバレエ演目も取り入れた少女歌劇時代を築いた。少女歌劇は雑誌、レコード、映画といったこの時代のメディアと結びつくことで成長した。

（5）糟谷里美　二〇一四年『バレエ振付演出家 小牧正英（一九一一～二〇〇六年）研究：バレエ・ルッスの日本への導入をめぐって（全文 web 公開版）』東京：お茶の水大学ウェブライブラリー。

（6）小牧正英　一九七五年『ペトルウシュカの独白』東京：三恵書房。一二七～一二八ページ。

（7）小牧正英　一九七七年『バレエと私の戦後史』東京：毎日新聞社。二十九～三十ページ。

（8）サザーノワ（Yulia Slonimskaya Sazonova、一八八四～一九五七年）はペテルブルク生まれのユダヤ系ロシア人批評家。ロシア革命を逃れてパリに亡命、人形劇の脚本執筆と上演活動と同時にバレエ、演劇の批評を精力的に行っていた。バレエ史、とくにディアギレフのバレエ・リュス、アンナ・パブロワについての著書で知られる。

（9）アンドレ・シュアレス（André Suarés、一八六八年フランス、マルセイユ生まれ、一九四八年没）はフランスのユダヤ系詩人、劇作家、随筆家。旅行記や詩作のほか芸術論を執筆。バッハ、ベートーヴェン、ヴァーグナー、ドビュッシーについての研究を行う。同時代のフランス人作曲家フォーレ、ポール・デュカス、エリック・サティとはパリの芸術家サークルのなかで交流をもっていた。

（10）一九二五年、パリで通称「アール・デコ」博覧会が開催された。正式名称は、現代装飾美術・産業美術国際博覧会（Exposition Internationale des Arts Décoratifs et Industriels Modernes）である。一九一〇年代から三〇年代にかけてフランスを中心としてヨーロッパ中に大流行したアール・デコ様式は、この博覧会の名称がもとになっている。世紀末のアール・ヌーヴォーが植物などの曲線を取り入れていたのに対して、アール・デコは直線的、幾何学的とされ、モダニズム建築やファッションなど幅広い分野に大きな影響を与えた。

（11）挿絵画家アンドレ・エレ（Andre Helle、一八七一～一九三五年）は、親交があったドビュッシーに『玩具箱』と題された絵のついたアルバム集「道徳的な物語」を見せた。ドビュッシーはこれに強い印象を受けて、バレエ音楽を構想した。まず、エレの絵本と台本に基づいたピアノ曲として一九一三年に作曲を始め、同年、全曲を完成した後にエレの挿絵つきで出版された。その後、一八一八年にドビュッシーが亡くなった後、エレが美術と衣装を担当したバレエ、《玩具箱》がパリで初演された。その演奏された管弦楽版《玩具箱》はアンドレ・カプレの編曲により完成されたものである。

（12）胡蓉蓉（一九二九～二〇一二年）は幼少の頃、ロシア人ダンサー、ソコーリスキーのバレエ・スクールに学び、少女時代に映画出演で人気を博し「東洋のシャーリー・テンプル」とよばれるほど雑誌や画報を飾る国民的アイドルであった。新中国成立後は革命バレエ劇《白毛女》の創作を担当し、西洋のバレエと中国の民族様式、伝統劇様式との融合に取り組んだ。バレエ教育者としては《白毛女》の主役ダンサーたち、石鐘琴、茅惠芳、凌桂明を育成したほか、中国バレエ界のトップ・ダンサーを数多く育てた。

（13）戦後の焼け跡のなか、一九四六年八月に帝国劇場で東京バレエ團（この公演のためにつくられた混成チーム）により《白鳥の湖》全幕公演が行われた。この記念すべき日本初演は大きな反響をよび、当初の予定を大幅にこえる二十二日間の連続公演となった。上海から復員してきたばかりの小牧が《白鳥の湖》全幕のピアノ譜をもっていたことから可能になった上演でもあった。このピアノ譜を指揮者の山田和男（一雄）がオーケストラ用に書き直し、東宝交響楽団が演奏した（参考文献～佐野勝也　二〇一七年：四八ページ）。振付、演出については小牧が上海バレエ・リュス時代の振付を用い演出を行った、とされる。この《白鳥の湖》全幕公演が今日にいたる日本のバレエ・ブームの直接の出発点であったことを考えるなら、小牧を育てた上海バレエ・リュスは戦後の日本バレエの揺籃のカンパニーともいえる。

Une scène de «Shéhérazade» que donnera le Ballet russe ce soir et demain après-midi au Lyceum Theatre.

《シェエラザード》1937年１月23日

LE BAILLET DE COPPELIA SAMEDI PROCHAIN AU LYCEUM

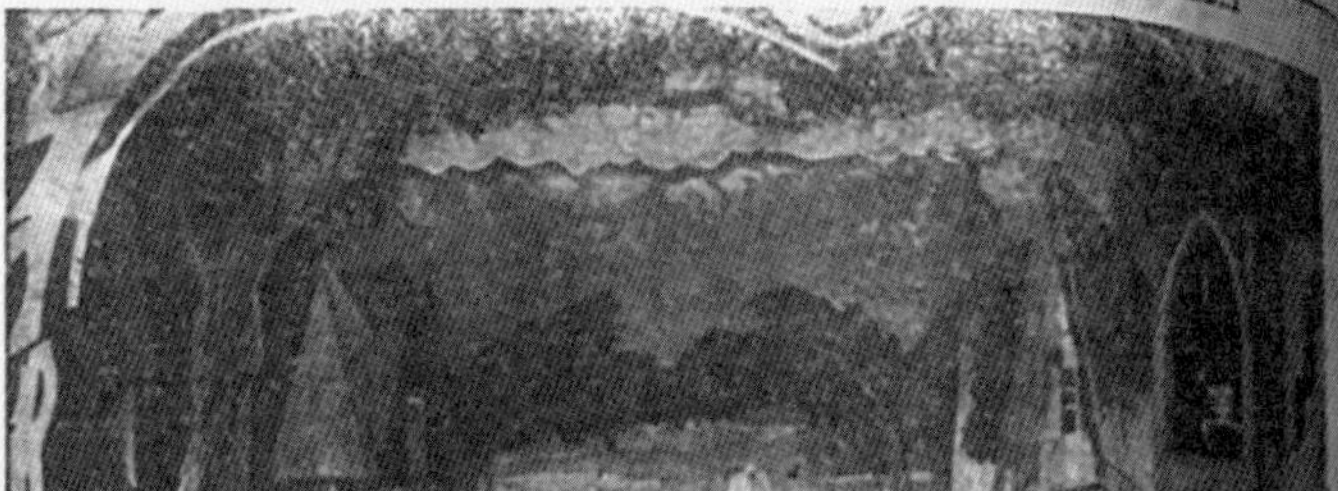

(photo par L. SKVIRSKY)

"Le Ballet Russe" a remporté dernièrement un très grand succès au Lyceum Théatre, et le ballet de "Coppélia" en 3 actes de Delibes, -- dont nous donnons une scène ci-dessus -- qui sera présenté Samedi prochain au même théatre en soirée, ne manquera pas de remporter le succès de ses devanciers.

《コッペリア》1937年12月12日

Le Ballet Russe au Lyceum Theatre

Scène du premier acte : l'apparition de Don Quichotte et de Sancho Pancha dans une «fiesta» espagnole
Une représentation de «Don Quichotte» sera donnée, cet après-midi, à 14 h. 15

《ドン・キホーテ》1938年11月13日

"CLEOPATRA" au Ballet Russe

« Cleopatra » ballet par Arensky qui sera donné au
LYCEUM lundi 27 décembre à 20h.15　3662

《クレオパトラ》1937年12月12日

Dora Yanover

Première danseuse du Ballet Russe dans la danse de « Haitarma » du Prince Igor. Théâtre Lyceum, 1-2-3 Avril.

《ポロヴェッツ人の踊り（イーゴリ公）》1938年 3月29日
ドーラ・ヤノーワ

Le Ballet Russe au Lyceum

Une attitude de N. M. Sokolsky dans le «Prince Igor».

《ポロヴェッツ人の踊り（イーゴリ公）》1938年 5月14日
ソコーリスキー

Une scène de la «Belle au Bois Dormant», qui sera de nouveau représentée par le Ballet Russe, au Lyceum, vendredi et dimanche prochains.

《眠りの森の美女》1938年 2 月 9 日

《眠りの森の美女》1939年 5 月11日

LE JOURNAL

Mlle Audrey King, qui tiendra le rôle de la Princesse Aurore dans «La Belle au Bois Dormant», le ballet qui sera représenté, au Lyceum Theatre, les 4, 6 et 7 mai.

《眠りの森の美女》1939年５月２日
オードリー・キング

LE JOURNAL DE SHANGHAI

«Le Ballet Russe» au Lyceum Theatre

Une scène du ballet les «Sylphides» qui sera donné le samedi 14 et le dimanche 15 mai.

《レ・シルフィード》1938年５月11日

LE BALLET RUSSE AU LYCEUM THEATRE
Aujourd'hui en matinée et en soirée.
O. Elnik, G. Astor, N. Astor dans la Tarantelle
de la Boutique Fantasque.

《奇妙な店》1938年４月３日

4　LE JOURNAL D

Les artistes de «La Boutique Fantasque» qui sera représentée aujourd'hui en matinée au Lyceum par le Ballet Russe.
(Josepho)

《奇妙な店》1938年４月10日

Le Ballet Russe

Audrey King et Sholugin
dans
«Don Quichotte»
· Lyceum Theatre Nov 3-56

《ドン・キホーテ》1938年10月30日

Mlle Audrey King qui interprète le role d'Odette, princesse des Cygnes, dans le «Lac des Cygnes», ballet dont les deux dernières représentations auront lieu dimanche, 22 janvier, à 14 h. 15 et 21 heures, au Lyceum Theatre.

《白鳥の湖》1939年１月19日
オデット役、オードリー・キング

Une scène du 1er acte du Ballet russe « Le Coq d'or » qui sera joué pour la dernière fois aujourd'hui en matinée et en soirée au Théatre Lyceum.

《金鶏》1939年３月19日

5 décembre 1939

Scène du dernier acte de : **« NOTRE DAME DE PARIS».** Le grand succès du Ballet Russe qui sera redonné au LYCEUM THEATRE le samedi 9 et le dimanche 10 décembre

《ノートルダム・ド・パリ》1939年12月５日

LE JOURNA

Esmeralda et Quasimodo (Audrey King et Kniazeff) dans «Le Bossu de Notre-Dame» qui sera joué les 9 et 10 décembre au Lyceum.

《ノートルダム・ド・パリ》1939年12月７日

Une scène du «Pavillon d'Armide», l'un des deux ballets qui sera représenté au Lyceum Theatre, les 4, 6 et 7 avril.

《アルミードの館》1940年３月22日

Mlle Audrey King et M. Sve tlanoff. dans le ballet «Schéhérazade» qui sera joué au Lyceum Theatre, les 4. 6. et 7 avril. sous la direction de Mlle Doris Yano ver.
(*Photo Skvirsky*).

《シェエラザード》1940年03月31日
オードリー・キングとスヴェトラーノフ

Mlle Bobinina et M. Lantzoff, dans «Carnaval» qui, avec «Présage» sera donné samedi en matinée et soirée par le Ballet Russe, au Lyceum Theatre, avec la collaboration de l'orchestre municipal du Settlement.

《カルナヴァル》1941年２月７日

コラム

十　上海バレエ・リュス

一九三四年十一月十三日、亡命ロシア人が上海で創立したバレエ団。ロシアの興行師セルゲイ・ディアギレフが一九〇九年にパリで旗揚げしたロシア・バレエ団「バレエ・リュス（一九〇九～一九二九年）」の後継団体を目指し、ライシャム劇場を根拠地としていた。

その主要演目は、ディアギレフ・バレエ・リュスの演目であり、とくにフォーキンの振付作品を主要レパートリーとしていた。上海では一九三五年二月、ライシャム劇場で旗揚げ公演を行った。その後もライシャム劇場を拠点として、《シェエラザード》（一九三七、四〇、四三年）、《金鶏》（一九三九、四〇、四三年）、《ライモンダ》（一九四〇、四一年）、《ペトルーシュカ》（一九四四年）、《火の鳥》（一九四五年）などおよそ四十作品を上演した。伴奏は工部局オーケストラ、指揮はスルーツキーが主担で、振付のほとんどはN・ソコーリスキーが担当した。ロシア人ダンサー、ボブィーニナ、シェヴリューギンらに加えて、英国人のオードリー・キングや日本軍による接収後は、日本人ダンサーの小牧正英らが活躍した。一九四五年八月に日本軍が敗退した後も、ソコーリスキーらダンサーは上海にとどまり、バレエ教育に従事した。一九二〇年代から五〇年代前半にかけてのロシア人による質の高いバレエ教育は新中国のバレエの土台となった。

日本の戦後バレエ界に与えた影響としては小牧正英のほか、上海でバレエと出会った中日文化協会の林広吉《はやしひろきち》（一八九八～一九七一年）も一九六〇年にチャイコフスキー記念東京バレエ学校（一九六〇～一九六四年）を設立し、日本初の本格的なロシア式バレエ教育を行った（参考文献～斎藤慶子　二〇一八年：五十五～八十八ページ）。

十一　上海バレエ・リュス主要人物

●小牧正英（一九一一～二〇〇六年）

上海バレエ・リュスにおいてただ一人の日本人団員として活躍したダンサー。一九三四年、ハルビンのバレエ学校に入学、すでにこの時二十二歳になっていた。ロシア人、キャトコフスカヤ女史のスタジオでバレエを学んだ後、ハルビン・バレエで活動。その後、バレエ・スタジオの同級生で上海に移っていたニーナ・コゼヴニコワの推挙によって、一九四〇年、上海バレエ・リュスに入団する。一九四二年、日本軍によるバレエ団接収以降、主役級に常時キャスティングされる看板スターとなる。とくに一九四四年、《ペトルーシュカ》（東洋初演）の主演として登場した際には、評論家、グロボワに高く評価された。

一九四六年、日本に戻り、同年八月には日本初となる《白鳥の湖》全幕公演を皮切りに、東京、大阪で日本初演となるバレエ作品を次々に振付、上演した。近代バレエ《火の鳥》、《シェエラザード》、《ペトルーシュカ》は当時、小牧にしか振付、上演できない演目であった。日本バレエ界に近代バレエを紹介したパイオニアとしての評価を得ている。

●スルーツキー（A.Y. Slutskii　一八八七〜一九五四年）

ペテルブルク音楽院で学び、ハルビンで後に日本で活躍したE・メッテルとともに指揮活動を行った。その後一九三〇年頃に上海に移住した。得意とするレパートリーはロシアのオペラや交響楽作品、ブラームスなどで、重厚な作品を得意とした。ロシア・オペラの《エフゲニー・オネーギン》、《ボリス・ゴドノフ》などの指揮には定評があった。上海バレエ・リュスのほとんどの公演は、スルーツキーが工部局オーケストラの指揮をとっていた。工部局オーケストラのほか、上海のアリアンス・フランセーズ・オーケストラやユダヤクラブ文芸楽団やその合唱団の指揮者でもあった。一九二六年にはロシア歌劇団の指揮者として大阪朝日会館他で指揮をとった。一九四六年には新生の上海交響楽団の指揮者となった。その後、オペラの指揮に専念し、一九四七年八月から始まったソ連への一斉帰国の際にほとんどの楽団員とともに、帰国したと考えられる。

●オードリー・キング（Audrey King　一九一五年、英マンチェスター生、二〇〇三年ヨハネスブルク没）

五歳よりバレエを始め、ロンドンでアンナ・パヴロワのバレエ公演をみたことでバレエ・ダンサーの道を志す。ロンドンでチェケッティ・メソッドとロイヤル・バレエのメソッドで訓練を受けた後、上海で姉とともにベイトマン・キング・バレエ・スクールを開く。その間、当時十二歳だったペギー・フーカム（後のマルゴット・フォンテイン）を指導する。上海バレエ・リュスで

1938年１月30日 LJDS

は、しばしば主演ダンサーとして舞台に登場した。一九四三年、日本軍統治下で適性国人収容所に送られる。戦後は南アフリカに移住し、バレエ・スクールを運営、生涯にわたり、バレエの指導を続けた。

●N・ソコーリスキー（Nicolai A. Sokolsky 一八九八～一九六二年）

ソコーリスキーはペテルブルクに生まれ、ハルビンで活躍後、一九三〇年代にまずバレエ・ダンサーとして上海のバレエ界に登場した。一九三五年の上海バレエ・リュス旗揚げ公演で、エリーロフとともにバレエ・マスターとして登用され、その後、バレエ・リュスの近代バレエ演目の振付（オリジナル振付はフォーキンとマシーン）をほぼすべて担当した。彼自身はディアギレフのバレエ・リュスの一員であると説明していたが、そのことを証明する確たる資料が残っているわけではない。ただ、ディアギレフ時代のフォーキンの振付を知らずに、その演目を振付し上演することは不可能であり、何らかの直接、間接的接点があったと考えられる。バレエ・リュスの作品のなかでフォーキン演出の演目はもちろんのこと、マシーン演出作品《奇妙な店》を上海で演出したのもソコーリスキーである。一九四〇年代には「ソコーリスキー・バレエ・スクール」を主宰し、六十名にのぼる門下生は、ロシア人、フランス人、イタリア人、ドイツ人など含めて多民族から構成され、中国人子弟も数多く抱え、プロ・ダンサーを輩出した。

●ボブィーニナ（Bobinina E.V.）

ほかのロシア人ダンサーと同様に、まずハルビンを経由してから上海に亡命した。一九四〇年代、英国人ダンサー、A・キングが収容所におくられ活動ができなくなって以降、上海バレエ・リュスにおいて、女性プリンシパル（主役ダンサー）として活躍した。主な主演作品に、《イワンの仔馬（せむしの仔馬）》、《カルナヴァル》、《光と影》、《ペトルーシュカ》などがある。《ペトルーシュカ》では、人形役として小牧正英とともに主役を演じ、当時の新聞評論でも絶賛された。戦後はアメリカに亡命した。

十二　ロシア・オペラ、オペレッタ（ロシア歌劇団・軽歌劇団）

一九二〇年代以来、ハルビンのオペラ団がしばしば上海で巡業公演していたが、その後、上海では一九三二年に「上海ロシア音楽教育協会（RMPO）」が組織され、上海在住のオペラ関係者によってロシア歌劇が上演された。当時、ハルビン在住のヴァーリン（B.E.Valin・芸名、カトゥへ）が主導的役割を果たしていた。その後、L・I・ローゼン（Rozen）とZ・A・ビトナー（Bitner）が中心となって一九三四年秋にはロシア軽歌劇団（Russian Opera, Russian Light Opera）が結成された。この団体は一九三〇年代から四〇年代にかけて、ライシャム劇場で数多くの上演を行った。オペレッタはロシア人のあいだでもっとも人気があるジャンルであり、上演の回数はオペラよりもはるかに多かった。オペラ、オペレッタ上演は多い年には四十六回にのぼり、オペレッタの演目は五十を超え、人気の演目《シルヴァ》、《メリー・ウィドウ》、《バイラデイラ（インドの踊り子）》などは十日間以上の連続公演となった。ロシア語新聞を写真で飾るのもオペレッタ歌手たちであった。パリから上海にやってきたマルチ・タレントのアレクサーンドル＝ヴェルチーンスキー（Aleksandr Vertinskii）はすでにその最盛期を過ぎていたもののオペレッタにも登場するスターであった。

一九四一年二月、「ロシアオペラ芸術委員会」が改組され、フランス人グロボワを代表者に選び、スルーツキーやオペラ演出家、シェヴリューギン（F.F.Shevliugin）、歌手のシューシュリン（V.G.Shushulin）らが代表者となり、バレエ（すなわち上海バレエ・リュス）とオペレッタの上演を行っていくこととなった。この活動は日本敗戦直前まで続き、一九四五年には《ファウスト》、《カヴァレリア・ルスティカーナ》、ホフマンの《愛の夢》などが上演された。

一九四七年に入ると、歌劇団の主要メンバーをはじめとする多くの団員が旧ソ連に帰国することによって、歌劇団はその活動を終えた。

オペレッタの主要歌手　1939年６月18日　『シャンハイ・ザリャー』
　上段：左からビートネル、オルローフスカヤ
　中段：左からヴァーリン、ローゼン、クジーノフ
　下段：セローフ（芸術監督）、マンジェレーイ（ダンサー、振付師）

Le nouvel Opéra de Shanghai

M. Georges Le Bigot, directeur.　M. V. Clarine, metteur en scène.　Le maestro Alex Sloutsky.

E. Shevliagin, maître de ballet.　Mme Lydia Mikitchuk.　M. P. Markov.

M. T. Sinkevich.　M. Andreev.

Féministes et misogynes

On sait que la distribution de Femmes comporte quarante rôles féminins et pas un rôle masculin. Le royaume du féminisme?

Or ne dit-on pas que René Rocher se prépare à monter, lorsque sera épuisé le succès de Septembre, une pièce dont l'action se déroule dans un couvent d'hommes et qui ne comporte donc pas un seul personnage féminin!...

Si les directeurs en prennent l'habitude, allons-nous avoir à Paris des salles «spécialisées»?

上海の新しいオペラ（関係者）　1938年12月25日　LJDS
　上段左より、ビゴー(ディレクター)、クラリン(ディレクター)、スルーツキー(指揮)
　中段左より、シェヴリューギン（バレエ・マスター)、ミキチュク、マルコフ
　下段左より、シンケヴィッチ、アンドレエフ

„Жрица Огня".

Сегодня с утра в кас'ѣ РОС и в книжном магазинѣ Русское Дѣло на Ав. Жоффр открывается предварительная продажа билетов на первую оперетту Общедоступнаго Театра «Жрицу огня».

Спектакль состоится в среду 15 ноября в залѣ РОС.

...шія силы труппы во главѣ с примадонной С. В. Зорич и премьерами В. А. Мелари, Е. А. Мунцевым, В. В. Кла-ри-ным, Е. Ховаль, С. А. Томским, Г. А. Саяпиным и другими.

Приглашен большой балет, при участіи тріо Ларго, находящійся под руководством балетмейстера Ф. И.

С. ЗОРИЧ, в ея выступленіи в "Жрицѣ огня" в среду 15 ноября в театрѣ Русскаго Общественнаго Собранія.

Идя навстрѣчу пожеланіям публики дирекція Общедоступнаго Театра не смотря на то, что расходы по постановкѣ спектакля значительно увеличены, рѣшила не подымать цѣн на этот спектакль: Цѣны мѣстам оставлены общедоступными от 60 центов до 2.05 долларов.

В спектаклѣ заняты лучшія... Шевлягина, большой хор в составѣ 18 человѣк.

Художником К. К. Покровским написаны новыя декораціи.

Большим специально приглашенным оркестром дирижирует маэстро Шевбаз.

Начало спектакля в 9 часов вечера.

Оперетта — „Жрица огня" повторяться не будет.

Eleanor
POWELL
„РОЗАЛИ"
Сегодня 3 сеанса:
3.00 - 6.00 и 9.00
Цѣны: 30 и 45 ц.
Дѣти - 20 и 30 ц.

В О-вѣ Русских Врачей в Шанхаѣ.

17-го ноября в 8.30 вечера в помѣщеніи госпиталя Р.П.Б. состоится очередное засѣданіе, на котором будет прослушан краткій вступительный реферат д-ра медицины М. А. Бергера на тему Об аллергіи (аллергическом діатезѣ) и аллергических заболѣваніях, послѣ котораго будут разсмотрѣны текущія дѣла.

Сегодня на футбольных полях.

Сегодня, в понедѣльник специальном благотворительном матчѣ будут играть смѣшанная англо—французская команда с сборной китайской на полѣ Канидрома в 2.30 дня.

Резервной дивизіи — Суррей с Сен Ксавье на полѣ Рейс—Корса № 2 в 3 часа дня, Суррей с Паблик Ску... на полѣ Рейс—Корса № ... в 3 часа дня. Команды 3 ... дивизіи «Джудеанс» с Ту... Вен на полѣ Рейс—Корса № 1 в 3 часа дня.

А. Н. ВЕРТИНСКІЙ.
К его выступленію в РО...

オペレッタのゾーリチ（左）とヴェルチーンスキー（右下）1939年11月13日 『シャンハイ・スロヴォ』

第四章　巡業するヴィルトゥオーソたち

——興行主A・ストロークのアジア・ツアー

一　極東のインプレサリオ誕生

一八七五年、帝政ロシア下のラトヴィア、リガから南東へ二三〇キロ離れた湖沼地帯ののどかなユダヤ人の村に生まれたアウセイ・ストロークは、長じてのち爛熟の劇場都市、ペテルブルクの音楽とオペラの熱狂のなかで青年時代を過ごした。二〇世紀が始まるとともに帝国ロシアが音をたてて崩れはじめ、大きな戦争と革命を予感させる数々の内乱が続いた。ストロークはラトヴィアのユダヤ人の多くが夢みたように新興国アメリカに渡ろうとシベリア鉄道で極東に向かった。しかし妻の相次ぐ出産が足かせとなり結局、上海に三十年以上住むことになった。ストロークがもし、アメリカに渡っていたなら、アジアの人々が二〇世紀前半に名演奏家たちのステージを、名オペラ歌手の声を、モダン・ダンスの最先端を体験することはなかったはずである。彼が播いた種は上海、東京、大阪、アジアの諸都市で芽ぶき、西洋音楽は急速に各国に根づいていったが、皮肉なことにそれと同時にストロークという人物は忘れ去られた。

本章では、おおげさにいえば、音楽における「東洋と西洋の出会い」を仲介したユダヤ人、アウセイ・ストロークのその生涯をかけた興行＝アジア・ツアーを詳らかにしていく。彼が上海を選んだのは慧眼であった。一介の亡命楽手が一大興行主に駆け上がるためには、東洋と西洋の接合点であった「上海」という環境が必要であったからである。

いまさらではあるが、アジアにおける音楽、バレエ、オペラの上演史においてストロークが果たした役割はあまりに大きい。それが一人の人物によってなしとげられたとはにわかに信じがたいほどの規模の興行事業であった。一九一八年以降、彼が世界各地から招聘した一流アーティストたちのアジア・ツアーは五十組をこえていた。航路にそってアジアの主要港湾都市を巡業するのである。エルマン、ルービンシュタイン、シャリャーピンなど、世界の一流アーティストがはじめてアジアで演奏する、その機会はことごとくストロークが設定したものだった。当時、欧米に「洋行」できる日本人を含むアジア人はごく少数であり、洋行しなければ接することができなかった演奏や上演に自国で接することができる新たな時代の到来はストロークあってはじめて可能になったのである。

欧米では彼のマネジメントによってはじめてアジア地域のツアーを行うことができるとしてストロークはその名が知られていた。事実、ほぼ独占的に外来アーティストのマネジメントを行っていた。ストロークは、マネージャーとは裏方ではなく、むしろ自分自身がアーティストの箔づけとなる広報戦略を活動当初から貫いていた。ただし日本の場合、上海のような新聞劇場広告欄がなく、そこにマネージャー名を明記するスタイルは存在しないため、新聞上でストロークの名前を知る機会はほとんどなかったと思われる。

それだけの大きな仕事を達成したにもかかわらず、彼についての正確な情報は少なく、姓名や生地ですら誤った情報が今日まで引用されつづけてきた。『ニューヨーク・タイムズ』の一九五六年七月三日付けの死亡記事も「東洋のインプレサリオ、Auray Strok 逝去」とファーストネームを誤記していた。

二　ストロークとは何者だったのか？

A・ストロークという名は日本の洋楽史関連の書物に頻繁に登場する。なぜいつもA・というイニシャルだけなのだろう、一体どこの国の出身だ？　といぶかしく思いつつもそこで立ち止まり、ストローク、その人について研究しようとした研究者は近年にいたるまでほとんどいなかった。

彼の肩書きはインプレサリオ（オペラなどの興行主を指すイタリア語）、ディレクター、マネージャーとされ、大正から昭和にかけて戦前の一流外来アーティストの招聘にはほぼ彼が関わっていたといってよい。それほどに重要な仕事をした人物であるにもかかわらず、正体不明でありつづけた最大の理由は、彼が帝政ロシア下のラトヴィア出身のユダヤ人で、ラトヴィア語、ロシア語、英語を話すポリグロットであり、国籍をもたない亡命者であったことであろう。

「A・ストローク」の名は、一九一〇年代から戦後一九五〇年代にいたるまで、上海の新聞、日本の音楽雑誌以外にも、彼と行動をともにした名演奏家たちや、作曲家、プロコフィエフ、チェレプニンやアーロン・アフシャーロモフらの自伝、日記、書簡集などにその名を見出すことができる。

しかし、彼の活動の詳細を調べようとすると、一次資料がないばかりか、先行研究もほとんどなく、いきなり壁につきあたることになる。日本国内では日本語資料のみにもとづいた断片的なストローク像が見出せるが、彼が企画した興行があたかも「日本のみを目的地」としていたかのように記述されている場合がほとんどである。つまり、日本においては、ストロークは「世界的に著名な演奏家を、日本にはじめて招いた興行主」、と捉えられてきた。

しかし、これは大きな誤解である。彼が手がけた興行は、日本を目的地とするものではなく、広くアジアの諸都市を巡業する「ツアー」であった。この時期、一流アーティストたちが航路にそってアジア、オリエント・ツアーを行うようになった背景として、第一次世界大戦後の疲弊した欧州、大恐慌後の米国といった世界の経済不況から、アジア地域が西洋音楽市場として浮上してきたことがあげられる。蓄音機やSPレコードの普及はアジア音楽市場の成長を裏付けるものであった。また大型客船の就航も長期の船旅をともなうアジア・ツアーをより身近で快適なものにしたはずである。ツアーの公演地は、すなわち客船の寄港地（植民地都市）であった。ヴィルトゥオーソたちのアジア巡業に着目し商機を見出し本格的なマネージャー業を始めたのがストロークであった。

アウセイ・ストローク（Awsay Strok、Авсей Давидович Строк）は、ロシアのユリウス暦の一八七五年二月二八日、現在のダウガフピルス市（当時の地名はデュナブルク Dünaburg、のちのドヴィンスク Dvinsk）郊外の小さなユダヤ人集落に生まれた。横浜の墓地には生年は一八七六年と刻まれているが、実際には一八七五年である。[注1] ユダヤ人が人口の半数を占めるこの街の郊外、ダウガヴァ河のすぐそばの村に一家をかまえた退役軍人の父は職業音楽家であり、八人の才能豊かな子どもに恵まれた。長兄がアウセイで、弟二人はペテルブルク音楽院に学び、末弟、オスカー・ストローク（Oscar あるいは Oskar Strok）はピアニスト、後にタンゴの人気作曲家となり、もう一人の弟、レオ・ストロコフ（Leo Strokoff）はプロのヴァイオリニストとして米国で活躍することになる。アウセイ自身も二十代の頃、ペテルブルクでオペラ団に打楽器奏者として加わり、身近にアウアー（Leopold Auer）門下の名ヴァイオリニストたちがひしめく環境のなかで、マネジメント業に着手した。一九一三年頃、政治的不安定さを増す故国を捨て、妻とともにシベリア鉄道で極東に向かいウラジオストクに滞在するも、やがて上海に落ち着き上海パブリックバンドに職を得た。しかしほどなく退団し、自らを「コンサート・マネージャー」と称し、興行活動を開始することになる。ラトヴィア、ペテルブルクで得た個人的親交をはじめとするユダヤ系音楽家ネットワークを背景に、ストロークはアジア初のインプレサリオとしての道を歩み始めることとなった。

ストロークが生まれ育ったユダヤ人村とはどのようなところだったのだろうか。二〇一七年夏、筆者はラトヴィアに赴き、当地の音楽学者でオスカー・ストロークの研究者ヤニス・クーディンス（Janis Kudins）博士とともに彼の生地、ダウガフピルス市郊外の集落跡地を訪ねることができた。今日、ダウガヴァ川沿いの集落跡にはかつての住民の痕跡は何一つ残っていない。村はおよそ一〇〇年前には消滅していた。というのも、一九世紀末には前ロシア帝国内のポグロム（ユダヤ人排斥）が激化するなどユダヤ人にとってラトヴィアは安全な土地ではなくなっていた。血のロシア事件、第一次ロシア革命が勃発した一九〇五年にはダウガフピルスで大規模な政治衝突が起き、市民の半数を占めていたユダヤ人の多くが迫害をおそれ、第一次大戦前には亡命、離散を余儀なくされた。ちなみに、一八九七年にはロシア帝国内ではじめて国勢調査が行われ、その台帳にはストローク一家の家族名も記録されている。

ラトヴィアはロシアに組み込まれていたものの、歴史的にはヨーロッパ（ドイツやポーランド）の一部であり音楽やオペラがさかんであり、ヴァーグナーが一八三七年から二年間、芸術監督としてリガに滞在したことで知られる。一八六三年にはリガに壮麗なオペラハウスが建てられ、欧州中から指揮者、音楽家があつまる名門劇場となった。リガはヨーロッパからペテルブルクに至る音楽家の巡業ルートの拠点であり、今日でも音楽の都として知られる。ストローク家のなかでもっとも著名な人物は、やはり末弟のオスカー・ストローク（一八九三〜一九七五年）である。オスカーはタンゴ作曲家として多くのヒット曲を生み出し、パリやヨーロッパ各地で自らピアノを演奏し、「タンゴ王」と称されるほど、華やかな活動歴を残している。数多くのタンゴのSPレコードやロシア語による伝記も刊行されており、その中では年齢の離れた長兄が極東で興行主として成功をおさめていたことにもふれられている。弟、オスカーは兄の活動より早く、一九一六年には北京および上海、ライシャム劇場でオペラ歌手とともにピアニストとしての演奏会を開いている。一九一六年当時、すでに弟が国際的に活躍していたことは、ストロークの仕事に影響を与えたであろう。オスカーはその後、一九三五年には欧州で大ヒットしたタンゴ《Black Eyes》（一九二八年作曲）などを含む自作をレパートリーに、ヨーロッパ、アジア・ツアーを行い、上海でも同年五月にパリ・シアターでレヴュー公演を行っている。

ストローク家には多くの孫が生まれ、そのなかからピアノ、ヴァイオリンのソリストなど音楽家を生み出したことから、一族のネットワークは欧州そして米国へと広がっていた。著名なヴァイオリン指導者、アウアー門下の弟、レオ（Leo Strok、後にStrokoffとして米国で演奏活動を行う）と同世代のミッシャ・エルマン、エフレム・ジンバリスト（一八九〇〜一九八五年）、ヤッシャ・ハイフェッツといった演奏家ともつながるネットワークをもっていた。

たとえば、とくに親交が深かったジンバリストの評伝のなかで、あるエピソードが紹介されている。

ロシア革命前の一九〇二年、ペテルブルク音楽院のアウアー門下であった十二歳のジンバリストはクラスメイト（後にヴァイオリニストとなるレオであろう）の兄、ストロークと劇場で知り合った。ストロークは当時、イタリア・オペラ団のティンパニ奏者であり、ジンバリストを密かにオーケストラピットに紛れ込ませ、毎晩のように彼が熱愛するオペラを聴く機会を与えていたのが長い交友の始まりであったという。

一九一〇年前後にペテルブルクでオペラに携わっていたということは、オペラの全盛期でありつつも、新たな時代、すなわちディアギレフやその仲間たちがバレエ・リュスを生み出そうとしていた時期、あるいはプロコフィエフがペテルブルクの現代音楽サークルで頭角をあらわしていた時期に重なる。ペテルブルクの楽壇が新旧あいまじる多士済々の最後の輝き、最高水準の音楽、バレエ、オペラを供していた時代をストロークは経験していたことになる。その青年時代の経験がマネジメントの基礎となり、音楽、オペラ、バレエ・ダンスという三つの柱からなる興行の企画力を支えていたにちがいない。

三　ストロークがプロデュースしたアジア・ツアー（一九一八〜一九四一年）

さて、彼が行った興行、アジア・ツアーはどのような方法で把握することができるのであろう。日本国内の新聞や雑誌資料ではストロークの興行の全容をつかむことは不可能である。ところが、上海発行の外国語新聞なら、彼が手がけた興行の広告には必ず彼の名前が冠されているため、興行の全容を把握することができる。とくに、データベース化された英字新聞を使えば、彼の名前をもとに二〇〇件を越す記事、広告が抽出できるのだ。二〇一三年になって中国発行の複数の英字新聞が収録されたデータベース、プロクエスト社の「Historical Newspapers: Chinese Newspapers Collection、一八三二～一九五六」が公開され、ストロークの名前が含まれる記事や演奏会広告を抽出することが可能になった。[注2]

英字新聞以外に仏語新聞も情報源となる。上海で発行されていた日刊の仏語新聞、『ル・ジュルナル・ド・シャンハイ』（一九二七～一九四五年）には、毎日欠かさず「本日の興行欄」（Les Spectacles D'aujourd'hui）が掲載されるため、主な劇場のその日の公演内容を知ることができる。そして公演広告にはストロークの名前が英字新聞同様に記載されている。これらの新聞から、ストロークに関する記事、公演広告を抽出することで、アジア・ツアーの全体像がはじめて把握できるのである。

さて、最初に英字新聞にストロークの名前を冠した広告が掲載されたのは一九一八年三月である（一八三ページ表1参照）。このとき、彼はすでに四十三歳になっていた。アジアの植民地ツアーで興行的成功をおさめていたアルフレッド・ミロヴィッチ（ピアノ）、ミシェロ・ピアストロ（ヴァイオリン）の二人に対して上海のみならず、日本公演も同年六月にプロデュースしている。また同年、東京で出会った渡米途上のプロコフィエフの帝国劇場演奏会もプロデュースしている。

翌一九一九年には、後に工部局オーケストラの指揮者となるピアニスト、マリオ・パーチのリサイタルをプロデュースしている。パーチは一八七八年、フィレンツェに生まれピアニストとしてのキャリアを積みつつ、作曲と音楽理論をミラノで学び、指揮者としての活動経験もあった。ソロ・ピアニストとしてアジアに活路を見出し、パーチ自身にとっては一九〇五年以来、二度目の訪問となる上海は巡業地の一つに過ぎなかったが、船上で急病になりそのまま上海に定住することになった。上海が音楽市場として魅力があったということであろう。ほどなく実現した指揮者としてのデビュー公演もストロークのプロデュースで行われた。パーチ本人も一巡業先と考えていた上海で、一九四六年に逝去するまで二十三年間もオーケストラを率い、中国の近代洋楽史のなかにその名を刻むことになろうとは思いもよらなかったことであろう。ともかく、上海定住のきっかけをつくり、あれこれと身辺の世話を焼いたのはストロークとその家族であった。

パーチ招聘と同じ一九一九年、ストロークはいきなり大きな賭けにでた。大型ロシア・オペラ団のアジア・ツアーを行ったのだ。彼はそもそも米国入国の際、職業欄に「オペラ」と書くほどにオペラに力を入れていた。故郷のラトヴィアでは首都リガのオペラハウス、のちにペテルブルクの劇場とシーズンになればオペラ公演がつづく日々のなかで暮らしていた彼にとって、また一時はオペラ団の楽手であったストロークにとってオペラこそアジアに紹介するべき芸術の粋であった。ロシア革命後の混乱から行き場を失った名歌手たちはエカテリンブルクで結集し、極東へのシベリア大横断の旅をいとわず大編成でやってくることになった。名づけて「ロシア大歌劇団（Russian Grand Opera Company）」。帝政ロシアの一流歌手二十五名、オーケストラ三十八名、合唱二十名という大所帯のオペラ団であった。

日本国内ではそれまで本格的な外来オペラ公演がなされたことはなかった。それだけに大ロシア・オペラ団は日本オペラ史上、必ず言及される記念碑的公演となっている。では、ストロークはなぜ、興行的なリスクをものともせず、大所帯のオペラ団のツアーを決意したのであろうか。それについては一つ、子孫に伝わる興味深いエピソードがある。ストロークは日本に滞在したとき、配達人が自転車をこぎながらオペラのアリアを口ずさむのを耳にした。彼は、「日本では庶民にまでオペラが浸透しているのか」、と驚いたというのである。おそらく庶民に浸透していたのは大正時代に流行歌のようにうたわれていた浅草オペラのようなものであったのだろうが、ストロークは、「日本は洋楽の市場になる」と直感したという。一九一一年に創設された帝国劇場の山本九三郎支配人がそれまでの歌舞伎や演劇からクラシック音楽の興業に乗り出したことも、好機となった、ストロークと山本のコンビによる音楽マネ

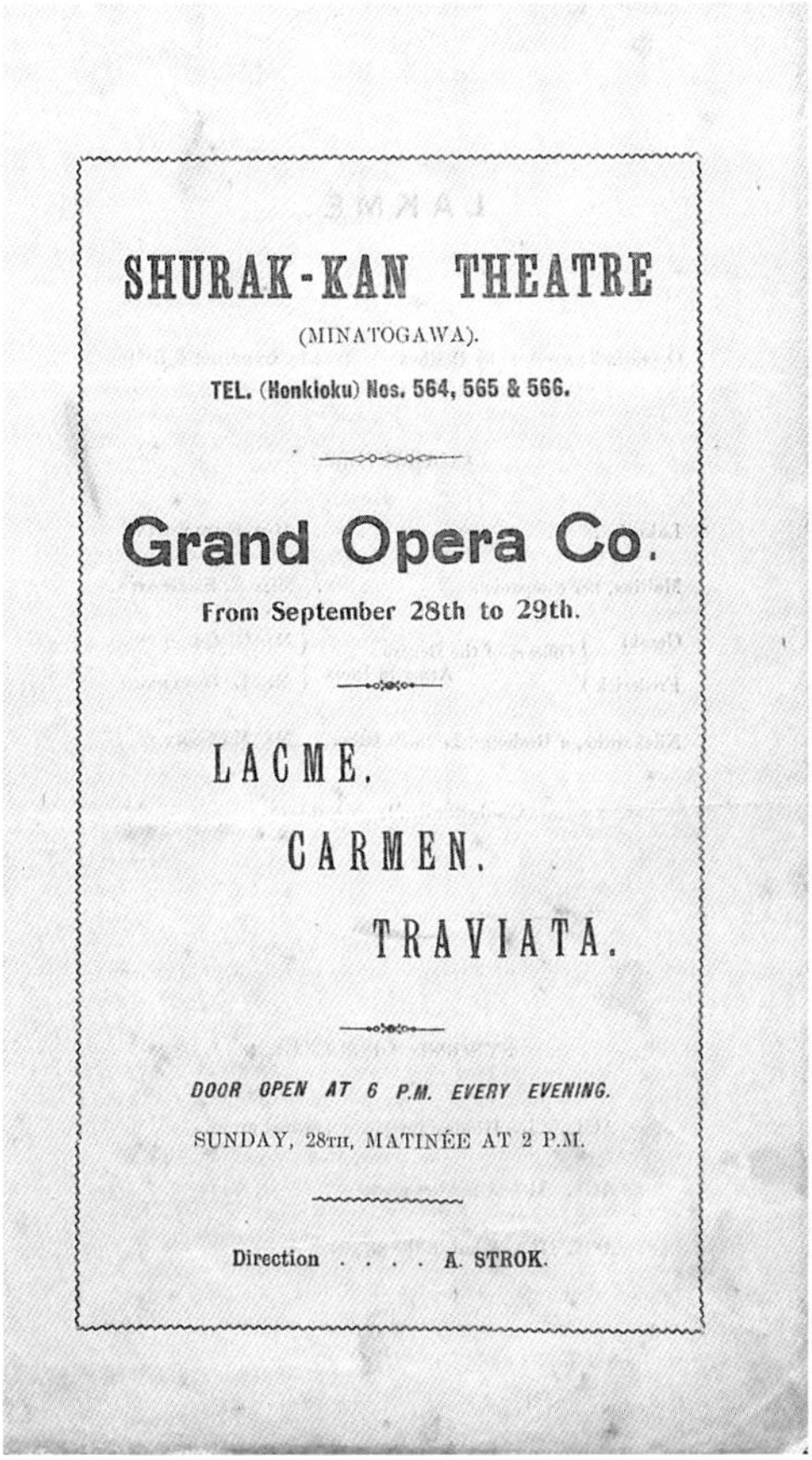
SHURAK-KAN THEATRE
(MINATOGAWA).
TEL. (Honkioku) Nos. 564, 565 & 566.

Grand Opera Co.
From September 28th to 29th.

LACME.
CARMEN.
TRAVIATA.

DOOR OPEN AT 6 P.M. EVERY EVENING.
SUNDAY, 28TH, MATINÉE AT 2 P.M.

Direction . . . . A. STROK.

画像１　グランド・ロシア・オペラの神戸聚楽館公演プログラム表紙（Lakme が Lacme と誤記されている。Direction A. Strok とある。）
1919年（大正８年）（OCMM 所蔵）

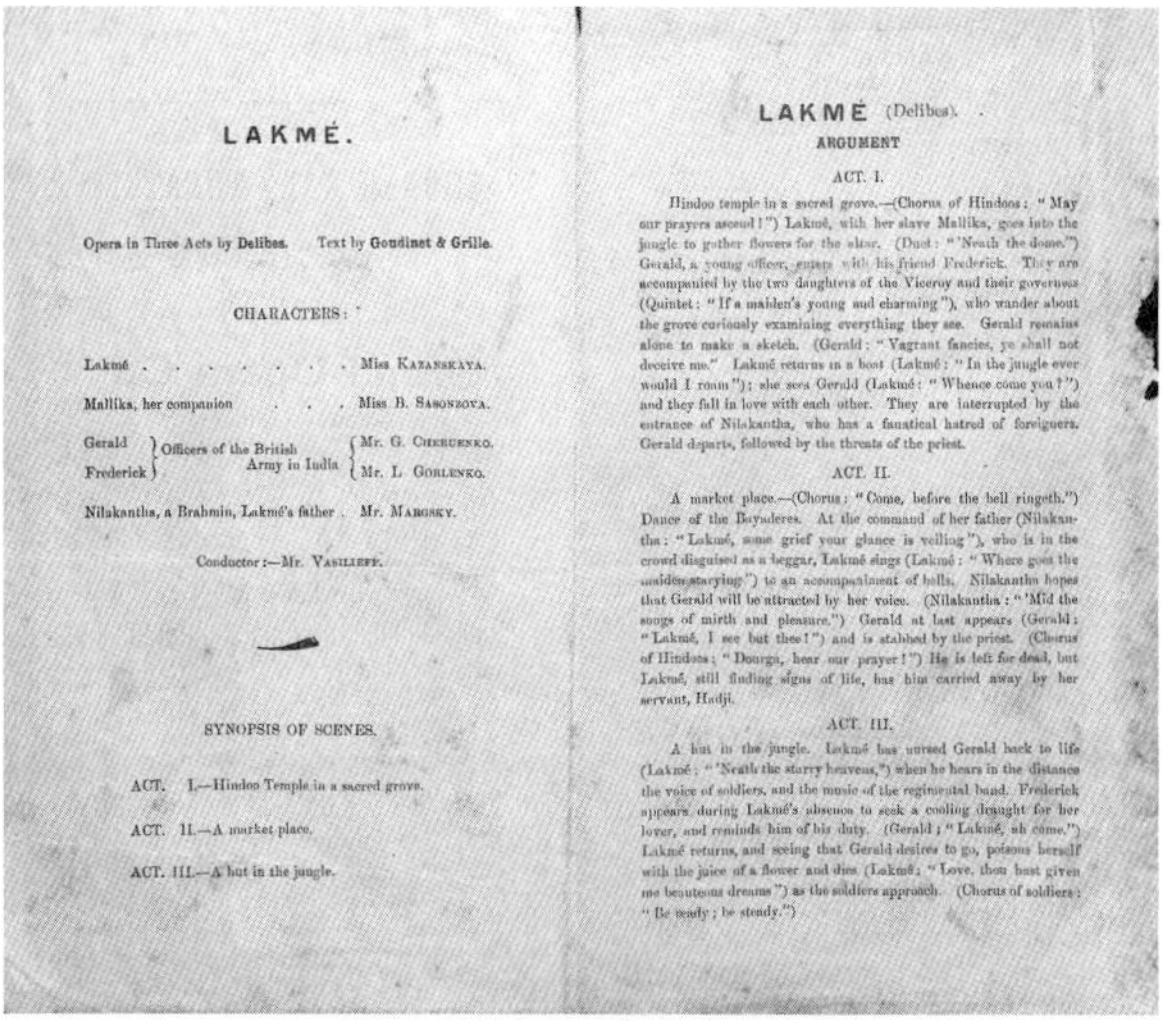

LAKMÉ.

Opera in Three Acts by **Delibes**. Text by **Goudinet & Grille**.

CHARACTERS:

Lakmé	Miss KAZANSKAYA.
Mallika, her companion . . .	Miss B. SASONZOVA.
Gerald } Officers of the British Army in India	Mr. G. CHERUENKO.
Frederick } Officers of the British Army in India	Mr. L. GORLENKO.
Nilakantha, a Brahmin, Lakmé's father .	Mr. MAROSKY.

Conductor:—Mr. VASILIEFF.

SYNOPSIS OF SCENES.

ACT. I.—Hindoo Temple in a sacred grove.

ACT. II.—A market place.

ACT. III.—A hut in the jungle.

LAKMÉ (Delibes).

ARGUMENT

ACT. I.

Hindoo temple in a sacred grove.—(Chorus of Hindoos: "May our prayers ascend!") Lakmé, with her slave Mallika, goes into the jungle to gather flowers for the altar. (Duet: "'Neath the dome.") Gerald, a young officer, enters with his friend Frederick. They are accompanied by the two daughters of the Viceroy and their governess (Quintet: "If a maiden's young and charming"), who wander about the grove curiously examining everything they see. Gerald remains alone to make a sketch. (Gerald: "Vagrant fancies, ye shall not deceive me." Lakmé returns in a boat (Lakmé: "In the jungle ever would I roam"); she sees Gerald (Lakmé: "Whence come you?") and they fall in love with each other. They are interrupted by the entrance of Nilakantha, who has a fanatical hatred of foreiguers. Gerald departs, followed by the threats of the priest.

ACT. II.

A market place.—(Chorus: "Come, before the bell ringeth.") Dance of the Bayaderes. At the command of her father (Nilakantha: "Lakmé, some grief your glance is veiling"), who is in the crowd disguised as a beggar, Lakmé sings (Lakmé: "Where goes the maiden straying") to an accompaniment of bells. Nilakantha hopes that Gerald will be attracted by her voice. (Nilakantha: "'Mid the songs of mirth and pleasure.") Gerald at last appears (Gerald: "Lakmé, I see but thee!") and is stabbed by the priest. (Chorus of Hindoos; "Dourga, hear our prayer!") He is left for dead, but Lakmé, still finding signs of life, has him carried away by her servant, Hadji.

ACT. III.

A hut in the jungle. Lakmé has nursed Gerald back to life (Lakmé; "'Neath the starry heavens,") when he hears in the distance the voice of soldiers, and the music of the regimental band. Frederick appears during Lakmé's absence to seek a cooling draught for her lover, and reminds him of his duty. (Gerald; "Lakmé, ah come.") Lakmé returns, and seeing that Gerald desires to go, poisons herself with the juice of a flower and dies (Lakmé; "Love, thou hast given me beauteous dreams") as the soldiers approach. (Chorus of soldiers; "Be ready; be steady.")

プログラムは全て英文

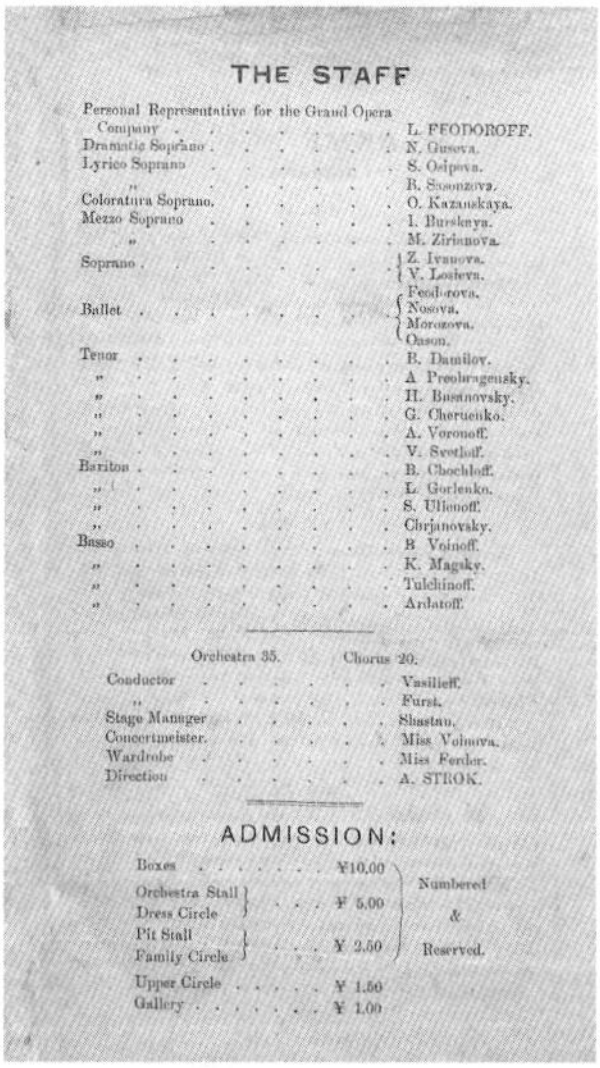

THE STAFF

Personal Representative for the Grand Opera Company	L. FEODOROFF.
Dramatic Soprano	N. Gusova.
Lyrico Soprano	S. Osipova.
„	B. Sasonzova.
Coloratura Soprano.	O. Kazanskaya.
Mezzo Soprano	I. Burskaya.
„	M. Zirianova.
Soprano	Z. Ivanova. V. Losieva.
Ballet	Feodorova. Nosova. Morozova. Oason.
Tenor	B. Damilov.
„	A Preobragensky.
„	H. Busanovsky.
„	G. Cheruenko.
„	A. Voronoff.
„	V. Svetloff.
Bariton	B. Chochloff.
„	L. Gorlenko.
„	S. Ullenoff.
„	Chrjanovsky.
Basso	B Voinoff.
„	K. Magsky.
„	Tulchinoff.
„	Ardatoff.

Orchestra 35. Chorus 20.

Conductor	Vasilieff.
„	Furst.
Stage Manager	Shastau.
Concertmeister.	Miss Volnova.
Wardrobe	Miss Ferder.
Direction	A. STROK.

ADMISSION:

Boxes	¥10.00	Numbered & Reserved.
Orchestra Stall Dress Circle . . .	¥ 5.00	Numbered & Reserved.
Pit Stall Family Circle . . .	¥ 2.50	Numbered & Reserved.
Upper Circle	¥ 1.50	
Gallery	¥ 1.00	

スタッフ一覧および入場料金（ボックス席は10円）

ジメントがこうして始まり、いきなりの未曾有のオペラ団招聘を実現させた。

「ロシアオペラの東京での成功」は、上海発行の新聞紙上にストロークへのインタビューとして掲載された。インタビューの中でストロークは「このオペラ団が東京に来るまで、私は実際に彼（女）らの演奏を聴いたことがなかった、しかし心配は無用であった、ロシア国内の有名オペラ劇場で活躍した経験をもつ歌手たちはエカテリンブルクで集まり、シベリア各地で興行を行ってきた。オーケストラ、バレエも最高水準であり、これまで日本を訪問したオペラ団のなかで最大級の規模、八十名を擁するオペラ団である」（一九一九年九月十一日『ザ・シャンハイ・タイムズ』）と述べている。実際、当時のペテルブルク、モスクワはオペラの拠点であり、主役級のソプラノ歌手は巡業の後にメトロポリタン歌劇場に招聘された。

画像2　ストローク（前列左端）とジンバリスト（前列右から二人目）
1923年（大正12年）撮影（OCMM 所蔵）

　日本でのロシア大歌劇団の公演は東京（帝国劇場）、横浜（ゲーテ座）、大阪（中央公会堂）、京都（岡崎公会堂）、神戸（聚楽館、東遊園地劇場）を一ヶ月以上かけて巡演する大規模なツアーであった。日本公演の演目は、《カルメン》、《アイーダ》、《椿姫》、《ファウスト》、《ボリス・ゴドゥノフ》、《ラクメ》、

《トスカ》、《カヴァレリア・ルスティカーナ》、《道化師》、《リゴレット》であり、各会場では必ず《カルメン》が上演されていた。

そして、このロシア大歌劇団は次のツアー地、上海で公演を行った。その内容については現地新聞に何度も掲載された広告で知ることができる。新聞広告を総合すると、十月十五日から十一月十四日にいたる一ヶ月にわたる公演でのロシア語で上演されたとされる演目は次のとおりである。《カルメン》、《リゴレット》、《ミニョン》、《カヴァレリア・ルスティカーナ》、《スペードの女王》、《ファウスト》、《道化師》、《トスカ》、《蝶々夫人》、《タイス》、《ユグノー教徒》、《デーモン》、《ボリス・ゴドゥノフ》、《皇帝の花嫁》、《ジプシー男爵》、《ラ・ジョコンダ》、《ロミオとジュリエット》、《ラ・ボエーム》、《トロヴァトーレ》、オペレッタ《Love's Night》(Valentinoff 作曲)。

つまり、このオペラ団は日本・上海公演を合わせて少なくとも計二十三ものレパートリーを携えてアジア・ツアーを行ったのであった。上海公演の場合、この時期の聴衆のほとんどが欧米人およびロシア人であった。したがって、演目もオペラ通の西欧人やロシア人に向けた多彩なものとなっている。ただし、これだけの公演回数ともなると劇場は空席が目立つ日も多く、上海公演は興行的に成功とはいえなかったようである。ちなみにストロークは、このロシア歌劇団とともにマニラ、インドにも巡業し、およそ九ヶ月の巡業ののち、一九二〇年五月に上海に戻っている。

このあと、ストロークはほぼ独占的ともいえるほどの頻度で著名演奏家やダンサーたちのアジア・ツアーを実施していくことになる。

表１　ストロークのアジア・ツアー上海公演および日本公演一覧(1918〜1941年)

上海・公演年月日	アーティスト	上海・公演劇場	日本公演地
1918年３月17,24,30日	ミロヴィッチ(pf)、ピアストロ(vn)	オリンピック	東、大、京
1918年４月13,19日	マリア・カリンスカヤ(歌手)＆レオ・ポドリスキー	ライシャム、アポロ	
1918年４月20日	ミロヴィッチ（pf）	オリンピック	東、大、京
1918年４月24,26日	ミロヴィッチ(pf)、ピアストロ(vn)	ライシャム	東、大、京
1918年11月17,24日,12月１日	モスクワ・トリオ	ライシャム	東
1919年１月18,22,25日,２月28日	ジムロ	オリンピック(28、ライシャム)	
1919年２月7〜21日	マリオ・パーチ(pf)	オリンピック	
1919年４月８日	マリオ・パーチ、ミロヴィッチ、ピアストロ	オリンピック	
1919年４月13日	マリア・カリンスカヤ＆レオ・ポドリスキー	オリンピック	
1919年10月15,16,17,18(2),21〜26日,11月３-14日	ロシア・グランド・オペラ	オリンピック(ライシャム)	東、横、大、京、神
1921年３月29日,４月２日	ミッシャ・エルマン(vn)	タウンホール	東、大、京、神
1923年１月１日	レオポルド・ゴドフスキー(pf)	タウンホール	東、大、京、神
1923年４月１日	フリッツ・クライスラー(vn)	タウンホール	東、大、京、神

(東京：東、名古屋：名、大阪：大、京都：京、神戸：神、横浜：横、宝塚：宝)

1923年10月4日	ヤッシャ・ハイフェッツ (vn)	タウンホール	東、大、京
1925年4月16,18,25日	メーベル・ガリソン (sop)	タウンホール	東、大、京
1925年10月14,17,28日,11月4日	ミッシャ・レヴィツキ (pf)	ライシャム	東、大
1925年11月14,16〜25,26〜28日	ルース・セント・デニス＆テッド・ショーン (dance)	オリンピック、オデオン	東、名、大、宝
1926年4月20,22,24日	ジョン・マコーマック (tenor)	タウンホール	東、大、京
1927年3月12,19日	ソフィア・レッギ（歌手）	オリエント	
1928年2月9,11日	ラ・アルヘンティーナ (dance)	タウンホール	東、大
1928年5月2,3,5日,6月12日	ジャック・ティボー (vn)	タウンホール	東、大、京
1928年9月27,29日,10月3,6,12日	セシリア・ハンセン (vn)	タウンホール	東、大、京
1928年12月19日	ベンノ・モイセーヴィチ（pf）	フランスクラブ	東、大
1929年2月6,7,8,9日	イングリッシュ・シンガーズ、ウォルター・ダムロシュ	タウンホール	
1929年2月8〜12日	ラ・アルヘンティーナ (dance)	タウンホール	東、大
1929年3月30日,4月3,6,9日	アメリータ・ガリ＝クルチ (sop)	タウンホール	東、大、京、神
1929年6月4日	ヤン・クベリーク (vn)	タウンホール	東、大、神

1929年9月28日,10月2,5日	アンドレス・セゴビア(Spanish guitar)	タウンホール	東、大、京、神
1929年11月5,9,13,16日	ミゲル・フレータ(tenor)	タウンホール	東
1929年12月22,29日	レフ・シビリヤコフ(bass)	タウンホール	
1930年9月7日	エフレム・ジンバリスト (vn)	エンバシー	東、大、京
1930年10月19日	ジョヴィタ・フェンテス (sop)	エンバシー	東、横、大、京、神
1931年3月18,20,22,24,29日	クロティルド&アレクサンドル・サハロフ(dance)	エンバシー	東、大
1931年4月6,7,12日,6月12日	トティ・ダル・モンテ&デ・ムロ・ロマント(opera)	エンバシー	東、大、京、神
1931年5月15,19日	ヨーゼフ・シゲティ(vn)	エンバシー	東、大、京、神
1931年11月20,25,29日,12月1日	ヤッシャ・ハイフェッツ (vn)	ストランド、カールトン	東、大、京、神
1932年1月13,15,17,19日	テレシーナ・ボロナー(Spanish dance)	エンバシー	東、大
1932年8月11,14,18,21,23日	エフレム・ジンバリスト (vn)	ジェスフィールド公園	東、大、京
1932年11月29日,30日,12月1,2日	ヨーゼフ・シゲティ(vn)	エンバシー	東、大、京、神
1933年2月21,24日	ベンノ・モイセーヴィチ (pf)	エンバシー	東、大
1933年4月3,5,7,11日	アスンシオン・グラナドス (Spanish dance、guitar)	エンバシー	東

1933年11月4,5日	イグナツィ・フリードマン (pf)	グランド	東、大、京、神
1934年4月1日,5月13日	アレクサンドル・チェレプニン (composer)	グランド	東
1934年5月19,21日	ルース・ページ、ハーラルト・クロイツベルク (dance)	エンバシー	東、大、京
1934年9月29日,11月6,9日	エマヌエル・フォイアーマン (vc)	ライシャム	東、大、京、神
1934年10月27,30日,11月1,2日	クロティルド、アレクサンドル・サハロフ (dance)	ライシャム	東、大、京、神
1935年3月9,12,14,16,18日	ヴィクトル・チェンキン	ライシャム	東、大、京
1935年5月9,11,13日	アルトゥール・ルービンシュタイン (pf)	ライシャム	東、大
1935年10月21,23日	シューラ・チェルカスキー(pf)	ライシャム	東、大、京、神
1935年12月28,29日,1936年1月2,4日	マヌエラ・デル・リオ (Spanish dance)	ライシャム	東、大、京、神
1936年2月25,27日,4月15日	フョードル・シャリャーピン (bass)	グランド	東、大
1936年5月9,11日	リリー・クラウス (pf)、シモン・ゴルトベルク (vn)	ライシャム	東、大、京、神
1936年7月8日	ジャック・ティボー (vn)	ジェスフィールド公園	東、大、京、神
1937年3月16,18,20日,4月2日	ミッシャ・エルマン (vn)	ライシャム、グランド	東、大、京、神
1937年4月1日	モーリス・マレシャル (vc)	フランスクラブ	東、大、京、神

1937年4月8日	レオ・シロタ(pf)	ライシャム	日本滞在
1937年6月24日	ミロヴィッチ(pf)、ピアストロ(vn)、シュースター(vc)	ナンキン	東、大、京、神
1939年1月11日	レオニード・クロイツァー(pf)	ライシャム	日本滞在
1940年2月26日	フランチェスカ・デニス(sop)	ライシャム	
1941年1月24日	ヒラリー・ネーピア(dance)	ライシャム	

画像3　ハイフェッツ大阪公演プログラム表紙。「directeur exclusive（独占的ディレクター）A. Strok」と明記。1931年10月（OCMM所蔵）

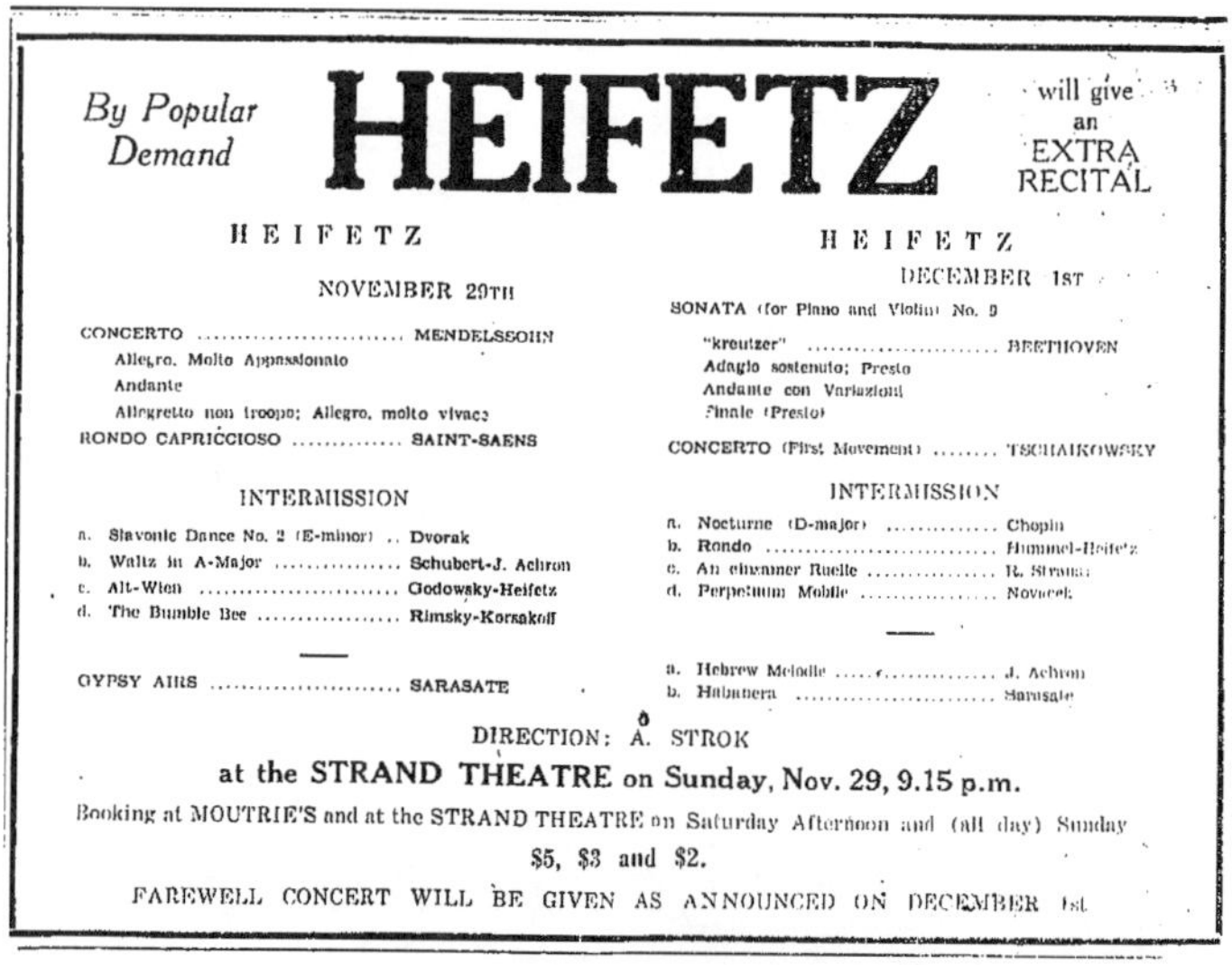

画像4　ハイフェッツ上海公演の新聞広告　Direction: A. Strok とある。1931年11月28日『ザ・チャイナ・プレス』

一九三〇年代に入ると、上海の英字新聞にはストロークの名前を「見出し」に掲げた記事が増え始める。その中の一つに「ストローク、一九三一年のシーズンに三名の有名アーティストと契約（Strok Books 3 Famous Artists For 1931 Season)」（一九三〇年十二月五日、『ザ・チャイナ・プレス』）の記事がある。記事の副題として「世界的に著名なダンサー、音楽家がまもなく登場」、とあり、「ストローク（コンサートとオペラのマネージャー）が一九三一年の一月から六月のシーズンに輝かしい公演を予定していることを発表した」という主旨の記事である。

まずはモダン・ダンスのサハロフ夫妻(Clotilde, Alexander Sakharoff)、そして次に、オペラ歌手のダル・モンテ（Toti Dal Monte・コロラトゥーラ・ソプラノ）とムーロ・ロマント（Muro Lomanto・テノール）

の両名を招聘すること、それぞれ最新の活躍の様子が紹介される。最後がハンガリーのヴァイオリニスト、シゲティ（Joseph Szigeti）であると締めくくられる。また、秋のシーズンがヴァイオリニスト、ハイフェッツ（Jascha Heifetz）で始まることも付け加えられて記事は終わる。この記事の特徴は、「ストロークが次に何をするのか」という視点で書かれていることである。ストロークが誰と契約し、公演を実施するかという情報が記事として掲載されているのである。一九三〇年の時点で、英字新聞から読みとれるのは、彼は「次のシーズンに誰を上海に呼んでくるのか」、ということが新聞ニュースになる存在になっていたということである。音楽愛好家は新聞記事から情報を得、「ストロークのシーズン」を待つことになる。

そのような彼の事業の成功を示す写真と記事が一九二九年六月二日の英字新聞『ザ・チャイナ・プレス』に掲載されている。画像5は彼の長女ゲッタ（Getta）の結婚式であり、花嫁の父としてストロークが写っている。画像下の記事は「先週のファッショナブルな結婚式」と題され、ストロークの長女が天津のツィマーマン（Zimmerman）夫妻の息子と結婚したこと、ユダヤ教会での挙式のあと、大がかりなレセプションが租界内で最も豪華な建物の一つ、フランスクラブで開かれたことなどが記されている。結婚式の写真は上海の英字新聞社交欄ではおなじみのものではあるが、彼が上海の欧米人社交界で名声を得ていたこと、かなりの財力をもっていたことを確認できる。ちなみに新聞記事から彼の住居がフランス租界の中心にあるマスネ通り（Rue Massenet・現在の思南路）五十六号であり、プラタナス並木に洋館が並ぶ租界の一等地に居を構えていたことも確認できる。

LAST WEEK'S FASHIONABLE WEDDING.—The marriage of Miss Getta Strok, eldest daughter of Mr. and Mrs. A. Strok of Shanghai, and Mr. Alfred L. Zimmerman, son of Mr. and Mrs. S. Zimmerman of Tientsin, was solemnized at Ohel Rachel Synagogue on Seymour Road last Tuesday afternoon. Miss Luba Strok, sister of the bride, was the maid of honor; the Misses Lydia Strok and Jennie Kostava, bridesmaids and little Ellie Strok, a third sister of the bride, was the flower girl. Mr. Fred Elias was best man to the groom. The above bridal group were photographed at the Cercle Sportif Francaise, where a large reception took place.—*Photo by Joseffo.*

画像5　ストロークの長女の結婚式　1929年6月2日
『ザ・チャイナ・プレス』

前掲の表1は彼がプロデュースした上海における公演一覧を時系列にそってアーティスト名をあげたものである。[注2] 多くの場合、上海を訪れたアーティストは日本公演も行っていることから、日本公演情報もプログラム実物などから付加している。[注3] この表から、彼が上海から欧州、米国に赴きアーティストたちと契約を結び実施したアジア・ツアーは五十回をこえること、時期としては一九一八年から一九四一年までであること、日本の洋楽史上、記念碑的公演とされるものの多くがストロークの手による興行であったことが判明した。

さらに、この表から明らかになることは、まず、第一に日本公演と上海公演がセットになって連続して行われていたということである。上海公演のみで日本で公演がないものがきわめて少なく、それらは日本で知名度が高くないユダヤ音楽やロシア民謡の歌手などに限定されていた。表1にあるようにほとんどの公演は複数都市、複数回数のツアーであり、上海と日本双方で公演を行っていたことがわかる。上海公演の劇場は時代によって変化しているが、ホールとして音響がよいものの小規模なライシャム劇場以外はすべて映画上映用の大劇場か、工部局のタウン・ホールやフランス・クラブのホールであった。日本では東京ならば帝国劇場あるいは関東大震災後の日比谷公会堂、大阪なら大阪朝日会館、中央公会堂が主要劇場である。ツアーのピークは一九二九年から一九三六年までであり、各国を巡回するツアーの実質的終焉は日中戦争、第二次上海事変勃発の一九三七年夏とみてよいだろう。

英字新聞の記事によると、演奏家たちは、日本（東京、大阪、そして神戸、京都、横浜など）の複数都市で公演し、船で上海に到着、そして上海の劇場で公演後、天津（租界）やハルビンなど西洋音楽の需要がある都市、さらに南下し香港から東南アジア諸都市をまわることが多かった。あるいは上海が先で最後が日本の場合もあった。一九二五年のオペラ歌手、メイベル・ギャリソン（Mabel Garrison）のアジア・ツアーはアジアの二十都市を巡るものであったし、ミラノ、スカラ座で活躍するオペラ歌手トーティ・ダル・モンテとムーロ・ロマントのワールド・ツアーを、ストロークはオーストラリア、インド、ジャワ、北米、南米、南アフリカ、欧州と世界各地で公演を行うように企画した（一九三一年三月六日『ザ・チャイナ・プレス』）。日本、中国からさらに船で南下し、香港、東南アジアの植民地都市であるシンガポール、マニラ、ジャワなどアジアを南下する長大なアジア、オリエント・ツアーの経路が存在していたことがわかる。

四　ツアーの中心は上海から東京、大阪へ

以上のべてきたように、演奏家やストロークにとって日本は単独の目的地ではなかった。ただし、日本の重要性は年代が下るにつれ増していき、上海と逆転していったことは確かである。

ストロークが興行を始めた一九一九年、アジアのなかでも租界都市、上海が興行の中心になっていた。上海には欧米系、ロシア人の聴衆が存在すること、また工部局オーケストラというアジア屈指の西洋人オーケストラを擁し、ソリストたちがコンチェルトを演奏することも可能であった。しかし、時代が下るにつれしだいに大阪、東京の重要性が増していることが記事から読みとれる。租界の外国人人口は多いときでもロシア人の二万人とそれ以外の欧米人が数千人規模であった。日本人は最大時には十万人を数えたが、英仏租界から離れた虹口地区に集住していたことからも租界内の劇場との関係は薄かった。しかも日中戦争（一九三一～一九四五年）および第一次国共内戦（一九二七～一九三七年）の長期化にともない上海は政治的、経済的な混乱期を迎えていた。聴衆はかつての欧米、ロシア人から中国人へと移行しつつあった。

一方、日本は一九二〇年代以降、東京に続いて、急速な工業都市化が進む大阪や、二大都市につづく京都、神戸などにホール（会館）が続々と建設されていった。さらにストロークは帝国劇場および朝日新聞社（東京、大阪）という財政的な裏打ちを得たことで、しだいに興行の中心を上海から日本に移そうとしていた。

一九三七年七月二一日には『ザ・チャイナ・プレス』上に「世界的アーティストは上海に来ようとはしない（Great artist not likely visit to Shanghai）」という記事が掲載された。記者はストロークのこれまでの招聘実績にふれつつ、今日、上海には日本のような強力な財政的サポートがなく、そのことがオペラ歌手など一流アーティストを日本のみの公演で帰国させる事態を生んでいる、との記事を書いている。一九三七年六月二三日の『ザ・ノース・チャイナ・ヘラルド』では、ストロークは英国に出発する直前の談話として「私は日本に国立オペラ（national opera）をつくるつもりだ、そして英国の最高のオペラ団を極東に招聘することになるだろう」と述べている。しかし、同年八月、第二次上海事変が起こり、実質、日本軍統治下に入った上海で、ストロークの企ては実現にいたらず、その他の興行活動もほぼ停止を余儀なくされた。この時期、日本軍のユダヤ人への監視は年ごとに厳しさを増し、やがて一九四三年五月にはユダヤ人避難民は虹口に設けられた「避難民指定地区」、通称、ユダヤ人ゲットーに追いやられることになる。古参のストロークは指定地区への強制移住は免れたものの、苦境にあったことは想像に難くない。戦争が終わると、ほかのユダヤ人同様にいち早く上海から脱出し、米国へと向かっていった。

五　戦後のストローク

一九四五年八月一五日の日本敗戦により、上海租界は名実ともに中国人の土地となり、亡命者の都は一〇〇年あまりの歴史を閉じた。ロシア人、ユダヤ人たちは米国、オーストラリア、旧ソヴィエトなど世界各地に去っていった。ストロークもアメリカに渡り、ニューヨーク、カーネギーホールのすぐそばに事務所を開き、マネジメント業を再開した。米英で活躍するピアニスト、イストミン（Eugen Istomin）、ソロモン（Solomon Cutner）、そしてオペラ歌手のジャン・ピアース（Jan Peerce）、リチャード・タッカー（Richard Tucker）、ヘレン・トローベル（Helen Traubel）ら著名アーティストたちのマネジメントを行った。

一九五一年九月、戦中戦後、ひさしく途絶えていた外来のアーティストとしてエフディ・メニューヒンが華々しく来日した際、その傍らにはストロークの姿があった。戦後といってもいまだ日本はGHQ占領下にあり、軍用機での来日であり国内移動であった。この大がかりな興行を可能にしたのがストロークと原善一郎（戦前の新交響楽団のマネージャー、上海、ハルビンを経て戦後は関西交響楽団の専務理事）であり、二人は長年の盟友であった（第五章）。ストロークをめぐる音楽マネジメント人脈は、戦後再び息をふきかえしたのであった。

ストロークはメニューヒン以降も精力的に個人アーティストはもとよりデュポール黒人合唱団（一九五四年）、シンフォニー・オブ・ジ・エア（前身はトスカニーニが育成したNBC交響楽団、一九五五年来日）など、毎年のように日本巡業を采配した。史上初の来日海外オーケストラ、シンフォニー・オブ・ジ・エアは日本公演のあと、韓国、台湾、香港、マニラほかを回っており、戦前のアジア・ツアーが空路で復活したことになる。

今日、アジア洋楽史研究がさかんに行われるようになり、工部局オーケストラ指揮者のマリオ・パーチ、ボリス・ザハロフ（Boris Zakharoff・ピアニスト、上海の国立音楽専科学校のピアノ主任）といった人々についてかなり詳しい評伝や論考が発表されている。[注4] しかしながら彼らをアジアに導いたストロークについては中国国内外においても研究がすすんでいるわけではない。興行主、インプレサリオという裏方であったこと、彼のアイデンティティの捉えにくさも研究を阻んできた。

彼の活躍の舞台であった上海租界が日本敗戦とともに消失し、上海租界の楽壇については植民地支配下の暗黒の時代として、長く中国の西洋音楽史から正当な評価を受けられなかったことも、ストロークの活動を見えにくくする要因となっていたと考えられる。表1のような上海に限定された公演情報ですら、英字新聞データベースが出現してはじめて、網羅的に把握することが可能になったのだ。

画像6　メニューヒンとストローク　1951年9月　東京（撮影／小原敬司・提供／昭和音楽大学）

東京、大阪、上海で、ほぼ同時に同一のアーティストが大同小異のプログラムで公演を行う、国境をこえた演奏家、舞踊家のアジア・ツアーが一九一〇年代末には始まっていたこと、二十四年間にわたり、五十回をこえる芸術家たちのアジア・ツアーのために自ら渡米、渡欧し、契約をとりつけアジア各国の西洋音楽、舞踊受容史上に刻まれる数多くの演奏会を開催したのが、ストローク、その人であった。

ストロークは八十一歳の夏（一九五六年）、東京滞在中に心

画像7　ストロークの音楽葬　日比谷公会堂　1956年7月17日（撮影／小原敬司・提供／昭和音楽大学）

臓発作のため亡くなった。その葬儀は日比谷公会堂で盛大に行われ（画像7）、オーケストラの演奏とともに多くの会衆におくられ横浜の外国人墓地に葬られた。

ラトヴィアからの長い亡命と巡業の旅路の終着点は、世界有数のクラシック音楽市場へと成長をとげつつあった東京であった。

（ラトヴィア共和国での調査は平成二十九年度、科研基盤C　研究課題／領域番号17K02303「A・ストロークの興行にみる音楽マネジメントの近代」（研究代表者、井口淳子）の助成による）。

注

（1）横浜の墓石には生年は一八七六年二月二十七日と刻まれているが、ラトヴィアの生地、ダウガフピルス市（当時の地名はDvinsk）におけるユダヤ教会出生記録によると一八七五年二月二十八日（ユリウス暦）が出生年月日である。またこれまで諸説があった姓名はАвсей Строкとロシア語で出生記録や国勢調査書（一八九七年ロシア帝国が実施）に記されている。出生記録および国勢調査書はラトヴィア国立古文書館（Latvian State Historical Archives）に所蔵されており電子化されている。

（2）公演を特定する方法として、二〇一三年に公開された既述のプロクエスト（ProQuest）社による英字新聞データベースを用い、新聞紙上の演奏会広告や記事のなかでStrokの名前が含まれるものを検索、抽出した。データベースに収録されている十二種類の英字新聞のなかでストロークに関連する記事などの掲載件数が多いのは、『ザ・シャンハイ・タイムス』、『ザ・ノース・チャイナ・ヘラルド』、『ザ・チャイナ・プレス』、『ザ・シャンハイ・ガゼット』、『ザ・チャイナ・ウィークリー・レビュー』の順である。このデータベースに収録されていないものの、英字新聞最大手の『ザ・ノース・チャイナ・デイリー・ニューズ』にもストロークの名を冠した公演広告は必ずといってよいほど掲載されている。

こういった新聞をもとにした検索方法で出てこない公演は、ストロークが関わっていても興行一覧表に入っていない可能性がある。また、演奏会の日時などが確定できない場合は、『ル・ジュルナル・ド・シャンハイ』紙上、毎日掲載される「本日の興行欄」および同新聞の公演広告を参照した（ただし、一九二八年一月以降、停刊する一九四五年までの期間に限定される）。

（3）　プログラム実物については、一九一〇年代から三〇年代の大阪公演プログラム（大阪音楽大学旧音楽博物館所蔵）および帝国劇場公演プログラム（国立国会図書館所蔵）を参照した。日本公演の有無については公演プログラムおよび大正、昭和期の外来音楽家公演記録を含む文献で確認できたものを記入している。

（4）　表1にもあるように、一九二八年九月から十月にかけてセシリア・ハンセン（ヴァイオリニスト）とともにアジア・ツアーに赴き、上海での演奏会を終え、そのまま移住したのがザハロフの上海亡命の経緯である。その後、ピアニストとして活躍、国立音楽専科学校のピアノ主任として多くの弟子を育て、そのなかから後の中国ピアノ界の主要人物、李翠貞、呉樂懿、丁善徳らを輩出している。現在活躍する中国人ピアニストの系譜はザハロフとその弟子につながることが多く「中国近代ピアノ教育の父」と称されている。

第五章　外地と音楽マネジメント——原善一郎と上海人脈

一　音楽マネージャー、原善一郎

前章でストロークの興行活動について述べてきたが、彼の傍らにはそのマネジメント業の右腕というべきパートナー、原善一郎（一九〇〇〜一九五一年）がいた。上海に住むストロークが日本でマネジメントを行う際の補佐役である。原はストロークと同様に日本の音楽マネジメント史、オーケストラ史に残る仕事をなしとげたにもかかわらず、今日ではその名を耳にすることはほとんどない。そして原もまた上海と深い関わりをもっていた。しかし彼の場合、上海の前にまずハルビンから説き起こさなければならない。

日本のプロ・オーケストラ史の嚆矢《こうし》となった演奏会、それは一九二五年五月に開催された「日露交歓交響管弦楽演奏会」であった。ハルビンを中心にモスクワ、ペテルブルク、キエフなど、ロシアより優れた楽団員三十四名を迎え、日本人との合同オーケストラ総勢七十二名を結成し、各地で演奏会を開くという企てであった。この時期、ホテル、映画館楽士や各大学管弦楽団の混成チームからなる日本側の楽団員の実力はロシア人と共演できるレベルではなかったはずで、ロシア人から学びつつのステージであった。この日露合同オーケストラの成功こそが大きな弾みとなり、山田耕筰、近衛秀麿は「日本交響楽団」を始動させた。つまりこのとき、ロシア人楽団員たちを招聘したことが日本初のプロ・オーケストラの誕生を促したことになる。この一大事業、すなわち単独でハルビンに赴きロシア人楽団員をとりまとめるところから、日本各地をめぐるツアーの全行程を手配し成功に導いたマネージャーこそが弱冠二十五歳の原善一郎であった。山田、近衛を支え、日本の交響楽運動のかげの立役者としてすぐれた手腕を発揮し、後に「天才的音楽マネージャー」と評されることになる原の活動は日本初のプロの交響楽団誕生とともに始まった。

原は一九〇〇年（明治三十三年）十二月三日、長野県上伊那郡中箕輪村の半農半商の家に生まれた。松本中学在学中に父親の事業失敗により、やむなく中学を中退し十六歳で横浜の松浦商会に入社した。大正七年にハルビン支店に転勤、外務省所管のロシア語学校、満州支配の情報拠点でもあった同地のハルビン学院でロシア語を学んだということになっている。音楽とはまったく無縁の経歴をたどり、卓越したロシア語能力を生かしてビジネス、すなわちシベリアのユダヤ人商人を相手とする商取引に携わり、その語学力と才気に眼をつけた山田、近衛によって日露交歓のマネジメントを託された。これがきっかけとなり、弱冠二十六歳で山田、近衛が創設した日本交響楽団の支配人となった。翌年には近衛が創設した新交響楽団のマネージャーとして経営を担当することになるが一九三七年の新響内部の対立により退団することになる。この事件自体、ストロークと原との共同マネジメントであったジンバリストと新響との協演収益をめぐる原と楽団との対立が引き金となっていた。これにさきだつ一九三五年には東京に

画像1　1930年、近衛秀麿（後列右）とともに新響事務所前の原（前列）『原善一郎君追憶文集』より

画像2　1937年、ストローク（右端）、エルマン（中央）とともに（右から二人目が原）『原善一郎君追憶文集』より

「国際芸術社」という個人的マネジメント事務所を立ち上げていた。この事務所はストロークによる海外アーティスト招聘の日本での受け皿となるはずであった。「ストローク・原」という共同事業が本格的に始まった矢先、一九三七年七月、盧溝橋事件が勃発し、日中戦争が始まった。そのため共同マネジメント事業は頓挫し、一九三八年には原は日本コロムビアに入社、上海事務所長、上海音楽工業株式会社常務取締役などの肩書きのもと上海に活動の拠点を移すことになる。彼自身、上海では特務機関とも関わっていたとされる。[注1]

二　原と上海交響楽団

一九四二年、伝統ある工部局オーケストラは存続の危機にさらされていた。太平洋戦争が始まり日本軍が租界を占領したことで、租界の税金で運営されていたオーケストラが後ろ盾である工部局を失ったからである。しかし新たな租界の主となった日本軍はこのオーケストラを解散させることはせず存続させる方針をとり、接収した。経費がかかるオーケスト

ラを戦時下であっても保持する理由として、上海という国際情報の集積地で文化工作の手段としてオーケストラを活用しようという狙いがあった。つまり大東亜共栄圏の名のもと、日本の国威を宣伝するために楽団を維持しようとしたのである。そして一九四二年六月に「上海音楽協会」[注2]を発足させ工部局オーケストラを接収し、名称を「上海交響楽団」と変えた。協会の会長には堤孝（在華日本紡績同業会理事）、理事として川喜多長政（中華電影）、岩崎愛二（上海放送）、尾坂輿市（大陸新報理事長）、福田千代作（上海日本居留民団長）ら五名および、顧問には伊藤隆治（興亜院華中連絡部文化局長）、川崎寅雄（在上海総領事館情報部長）、鎌田大佐（支那方面艦隊報道部長）、横山大佐（支那派遣軍上海報道部長）、大家大佐（興亜院華中連絡部政務局）の五名の名前が連なる。そして「主事」として原善一郎の名前が掲げられている（画像4）。主事とは楽団支配人、マネージャーであり、理事や顧問と異なり、実質的に楽団を運営、統率する役割をまかされていた。このときの楽団メンバー表によると高木辰夫と岩井貞雄の二名が日本人、ほかに二名の中国人以外、四十六名が西欧人である。西欧人の約六割がロシア系であった。

こうして、原は一九四二年十月以降、一九四四年五月に古巣のハルビンに軍部によって呼び戻されるまで、戦時上海で日本軍が接収した西洋人オーケストラの主事（支配人）となった。ただ実質、主事としての在任期間は一年たらずで、草刈義人が後任者となった。画像3は原の主事時代、一九四二年十月に上海で撮影された楽団員全員の集合写真である。前列中央に原、ナチの迫害から逃れてきた作曲家、ウォルフガング・フレンケルやヴァイオリニストとして欧州で活躍していたフェルニナンド・アードラーなども確認できる。

画像3　日本軍が接収した上海交響楽団（工部局オーケストラ）と主事の原善一郎（前列左から7人目）、ウォルフガング・フレンケル（前から2列、左から3人目）、フェルニナンド・アードラー（前列、左から5人目）1942年10月30日撮影（東京藝術大学附属図書館所蔵）

中国系、日本人あわせて四名以外の四十三名はすべて西欧人（最多はロシア人、ほぼ全員がユダヤ系）である。このときの指揮はイタリア人のアリゴ・フォアである。彼はコンサートマスターでもあり、ロシア人スルーツキーが指揮をとることも多かった。第一ヴァイオリンにはドイツではオーケストラのコンサートマスターであったフェルニナンド・アードラー、ヴィオラには作曲家で十二音技法を中国に伝えたウォルフガング・フレンケルの名がある。ナチのユダヤ人迫害を逃れたドイツ系のメンバーが加わったことにより、オーケストラのレベルが高まり、楽団史上最高レベルに達していた。一九四三年のメンバー表によると、楽団の編成は、コンサートマスター一名（アリゴ・フォア）、第一ヴァイオリン八名、第二ヴァイオリン七名、ヴィオラ

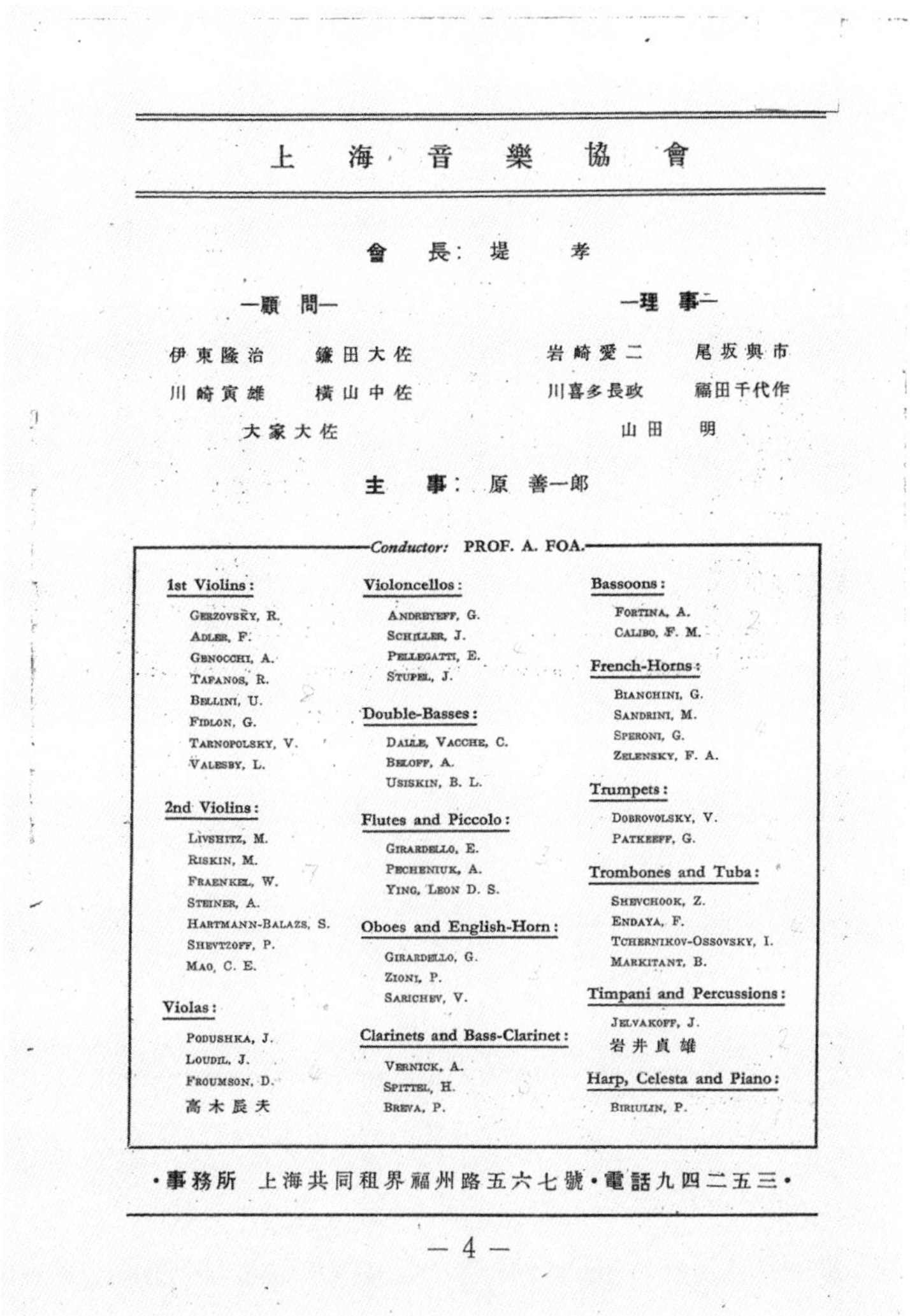

上　海　音　樂　協　會

會　長: 堤　　孝

—顧　問—

伊東隆治　鎌田大佐
川崎寅雄　横山中佐
大家大佐

—理　事—

岩崎愛二　尾坂與市
川喜多長政　福田千代作
山田　明

主　事: 原　善一郎

Conductor: PROF. A. FOA.

1st Violins:
GERZOVSKY, R.
ADLER, F.
GNOCCHI, A.
TAFANOS, R.
BELLINI, U.
FIDLON, G.
TARNOPOLSKY, V.
VALESBY, L.

2nd Violins:
LIVSHITZ, M.
RISKIN, M.
FRAENKEL, W.
STEINER, A.
HARTMANN-BALAZS, S.
SHEVTZOFF, P.
MAO, C. E.

Violas:
PODUSHKA, J.
LOUDIL, J.
FROUMSON, D.
高木辰夫

Violoncellos:
ANDREYEFF, G.
SCHILLER, J.
PELLEGATTI, E.
STUPEL, J.

Double-Basses:
DALLE, VACCHE, C.
BELOFF, A.
USISKIN, B. L.

Flutes and Piccolo:
GIRARDELLO, E.
PECHENIUK, A.
YING, LEON D. S.

Oboes and English-Horn:
GIRARDELLO, G.
ZIONI, P.
SARICHEV, V.

Clarinets and Bass-Clarinet:
VERNICK, A.
SPITTEL, H.
BREVA, P.

Bassoons:
FORTINA, A.
CALIBO, F. M.

French-Horns:
BIANCHINI, G.
SANDRINI, M.
SPERONI, G.
ZELENSKY, F. A.

Trumpets:
DOBROVOLSKY, V.
PATKEEFF, G.

Trombones and Tuba:
SHEVCHOOK, Z.
ENDAYA, F.
TCHERNIKOV-OSSOVSKY, I.
MARKITANT, B.

Timpani and Percussions:
JELVAKOFF, J.
岩井貞雄

Harp, Celesta and Piano:
BIRIULIN, P.

・事務所　上海共同租界福州路五六七號・電話九四二五三・

— 4 —

画像4　上海交響楽団プログラムの中のメンバー表。理事に岩崎愛二、主事に原善一郎の名がみえる。1942年10月（上海交響楽団資料室所蔵）

四名、チェロ四名、コントラバス三名、フルート、ピッコロ三名、クラリネット三名、オーボエ二名、イングリッシュ・ホルン一名、バスーン二名、ホルン四名、トランペット二名、トロンボーン三名、チューバ一名、打楽器とピアノ三名となっている。

これらロシア人を含む西欧人のほとんどがユダヤ系であり、当然のことながら、楽団員は工部局に替わる新たな租界の占領者、日本に対して複雑な感情を有していたはずである。というのも、ドイツと連盟を結ぶ日本軍はユダヤ人に対して監視を強め、一九四三年五月には「ゲットー」とよばれる共同租界内の楊樹浦《ヤンジッポ》の指定地域に彼（女）らを収監するなど反ユダヤ主義に根ざす政策をとっていたからである。その日本人がこのオーケストラを接収することに対しては楽団員たちの相当な抵抗や反感があったはずである。ところが、原善一郎はオーケストラの接収を見事にやってのけた（初代主事ではうまくいかず原が急遽、交替した経緯がある）。実は、亡命ロシア人にはハルビンから上海に移住した者が多く、原のようにハルビンでロシア語をネイティブなみに修得し、ロシア文化に親しんだ人物には日本人であっても、楽団員は例外的に親近感や信頼をよせていたと想像できる。

三　戦時上海の山田耕筰演奏会

原のマネージャー時代、つまり一九四二年十月から翌年五月までのシーズンに上海交響楽団は定期演奏会を三十二回開催している。文化工作の目的[注3]にそって、この時期、邦人作曲家の作品を数多くとりあげている（第二章七十七ページの表を参照）。太平洋戦争開戦一周年記念にあわせて日本から山田耕筰や歌手たちを迎え、オール日本人作曲家の定期演奏会が開催されたのはその最たるものであった。(画像5参照・第八回、第九回は同じプログラム)。
　この演奏会について、フランス語新聞『ル・ジュルナル・ド・シャンハイ』では、毎週一回掲載される「上海の音楽」欄は文化面が定位置のところ、異例ともいえる扱いで第一面に音楽批評を掲載した。上海を代表する批評家、グロボワの批評は少々長いが、租界きってのフランス人評論家が山田作品をどのように聴いたのか、全文を紹介しておこう。

「日本音楽の演奏会」(一九四二年十二月二十日　LJDS「上海の音楽」欄)
　この前の日曜日の演奏会(筆者注、十二月十三日の第七回定期演奏会)についてはとくに解説することはほとんどない。指揮者のフォア氏は、シューベルトの交響曲第七番の大変正確な演奏を行った。その交響曲は、シューマンが、ロマン派の詩的感興のもっとも純粋な至宝であると見なしている「大交響曲」である。旋律の豊富な巨大な作品は、現代において現実逃避を助けるものである。
　パウル・グレーナーの組曲《サンスーシ宮殿のフルート》は、楽しい作品である。この作品ではフルート奏者のギラルデッロが気品をもって演奏していた。
　最後に、オペラの不十分な概略しか示していないリムスキー＝コルサコフの組曲《皇帝サルタンの物語》は、面白い作品である。そして、この曲が滑稽味を帯びても、われわれには何の危険も及ばないのだ。

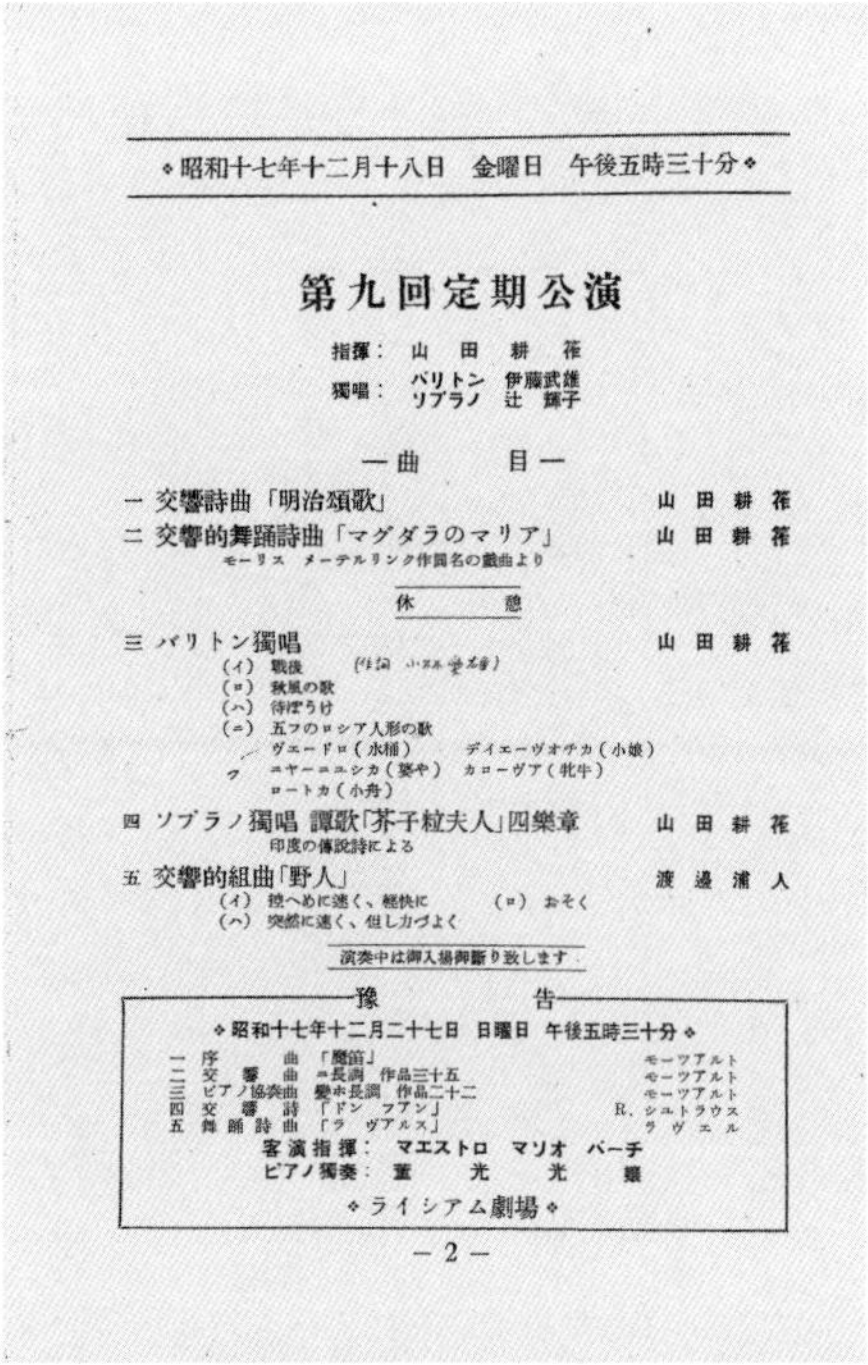

◇昭和十七年十二月十八日　金曜日　午後五時三十分◇

第九回定期公演

指揮：山田耕筰

獨唱：バリトン　伊藤武雄
　　　ソプラノ　辻　輝子

—曲　　目—

一 交響詩曲「明治頌歌」　山田耕筰

二 交響的舞踊詩曲「マグダラのマリア」　山田耕筰
モーリス　メーテルリンク作同名の戯曲より

休　　憩

三 バリトン獨唱　山田耕筰
（イ）戰後
（ロ）秋風の歌
（ハ）待ぼうけ
（ニ）五つのロシア人形の歌
ヴエードロ（水桶）　デイエーヴオチカ（小娘）
ニヤーニユシカ（婆や）　カローヴア（牝牛）
ロートカ（小舟）

四 ソプラノ獨唱 譚歌「芥子粒夫人」四樂章　山田耕筰
印度の傳說詩による

五 交響的組曲「野人」　渡邊浦人
（イ）控へめに速く、輕快に　（ロ）おそく
（ハ）突然に速く、但し力づよく

演奏中は御入場御斷り致します

—豫　　告—

◇昭和十七年十二月二十七日　日曜日　午後五時三十分◇

一 序曲「魔笛」　モーツアルト
二 交響曲 ニ長調 作品三十五　モーツアルト
三 ピアノ協奏曲 變ホ長調 作品二十二　モーツアルト
四 交響詩「ドン フアン」　R、シユトラウス
五 舞踊詩曲「ラ ヴアルス」　ラヴエル

客演指揮：マエストロ　マリオ　パーチ
ピアノ獨奏：董　光　光　顯

◇ライシアム劇場◇

— 2 —

画像 5　山田耕筰指揮　上海交響楽団第九回定期演奏会（中華大戯院）プログラム（日本語ページ）（上海交響楽団資料室所蔵）

1942年12月18日　金曜日　午後 5 時30分

指揮　山田耕筰

独唱　バリトン　伊藤武雄

ソプラノ　辻輝子

〈曲目〉

1　交響詩曲《明治頌歌》山田耕筰

2　交響的舞踊詩曲《マグダラのマリア》山田耕筰

(休憩)

3　バリトン独唱　　歌曲　山田耕筰　バリトン：伊藤武雄

4　ソプラノ独唱　　譚歌《芥子粒夫人》四楽章　山田耕筰　ソプラノ：辻輝子

5　交響的組曲《野人》 渡邊浦人

今週の大きな出来事は、K・山田氏の指揮による日本音楽の演奏会だった。われわれは、日本の現代音楽をほとんど知らないし、この演奏会は、それら（日本の現代音楽）をもっと知れば得られるであろう価値あるもののすべてを示している。

＊

われわれがすでに口頭で表明した願いをここで繰り返そう。すなわち、この租界の図書館またはオーケストラ・ライブラリーのなかに、日本人作品のコーナーを設けることである。その日本部門は、上海の音楽家にとって近づきやすく、そして、豊富にあるといわれている民謡集を別にしても既に出版された主な作品を含むものである。そういう部門があれば作曲界全体をイメージすることができ、一般的な傾向の作品からより容易に自由になることができるであろう。

いずれにせよ、日本の音楽的努力は多大であり、個々の作曲家の成功の段階を超えている。作曲家、演奏家と研究者の大きなグループがある。演奏会は数多く、多くの聴衆を集めている。勢いがつき、持続している。作曲家の成果はきわめて有望である。

（日本人作曲家にとっては）第一に、教養人によって大事に守られている古くさい伝統の、狭い束縛を断固として砕くことが必要であった。（古い伝統に対する）実り多い反抗、それは、今度は中国の作曲家が取り組むべき反抗であろう。次に、西洋音楽という異文化の側に身を置き、古典の技法と同時に現代の音楽技法をも吸収する必要があった。（中略）吸収とは、そもそも、まったく創意のない模倣を意味してはいない。手本をしのぐことができる例外的な才能を別にして、模倣がすべての芸術同様、音楽においても必要な方法であるとしても。それに、吸収は長く続いて、長いあいだ、次のような作品を生み出したに違いない。すなわち、さまざまな方法とさまざまな影響が現れて個性を覆い隠した寄木細工といえるような作品である。

音楽芸術の発展におけるこの段階にこそ、器用で精力的なチームリーダーが音楽家たちを、詩的感興の生き生きとした原点と、音楽家自身の独創性に連れ戻すために、介入するべきである。この目的を達成するためには二つの方法があり、それらは同時に用いることができる。すなわち、①過去の音楽的伝統を思い出し、それを現代の技術によって生かすこと、そして、②民俗音楽を探究し、多くの場合、復元し、批判的な研究によって民俗音楽を固定することである。というのも、民俗音楽は、忘れられるか、あるいは退化して国民楽派を創るか、どちらかの傾向におちいるからである。すべての国のすべての若い楽派において例外なく、われわれが観察する経過は次のとおりである。すなわち、フランス、ドイツ、イタリアのような国々は、ルネサンスのポリフォニーと十八世紀初頭の音楽に対して積極的な興味を示し、スペイン、ロシア、ラテンアメリカや北欧の国々は、自国の民謡に惹きつけられている。

性急な結論を引き出せないにしても、この前の演奏会から、K・山田氏は、まさしくこの最終段階に到達しているようにみえる。演奏された作品において、西洋からの確かな影響や、時にはそれぞれの作曲作品に一貫する論理が確立していないゆえにおこる、さまざまな方法の並列を指摘することは容易であるが、しかし、独創性はきわめて著しい。

明治天皇に捧げられた、交響曲というよりむしろ交響組曲は、漸進的な勢いによって、しばしばスクリャービンを思わせる。最初の部分の、高められた音どうしの不協和音の微妙なこすれた音は、新奇なものではない。しかし、主題は明らかに日本のものである。最後の葬送行進曲についていえば、きわめて美しく、独特のリズムをもっている。日本の古い楽器である篠笛（筆者注：篳篥を指している）、それは、短いオーボエの類いで、その悲壮な音は現代のオーボエとバスーンとサキソフォーンの中間で、強い響きを可能にする笛であるが、それを用いたことも、国民芸術に対する努力の大きな特徴を示している。

メーテルリンクの『マグダラのマリア』に作曲された舞踊組曲は、大変興味深い。そして、この作品は綿密な分析に値するであろう。とにかくこの組曲は、魂の動揺、後悔、ためらい、そして神の光へ向かう聖女の昇天をすばらしく表現している。心理描写は、とても丹念に掘り下げられている。そこでは、対位法の能力が十分に発揮されていて、巧みな持続音がその雰囲気を保っている。また、旋律やリズムの、頻繁すぎるかもしれない急な停止が、表現力豊かな新しい要素をもたらしている。

好奇心をそそる歌曲のほか、日本の民間伝承から題材を得た歌、ロシア滞在から感興を得た曲は、音色の選択が大変巧みなオーケストレーションの卓越した技法を示し、大変機知に富んでいる。

《芥子粒夫人》と題された、ソプラノのための大きなバラードは、むしろ、先に述べた発展の第二段階（異文化としての西洋音楽に位置しつつ、古典の技術と現代の技術を吸収する）に属しているように見える。四つの部分のまとまりを保つための努力にもかかわらず、また、旋律、和声と楽器の巧みな表現にもかかわらず、アンサンブルは四方に拡散したままで、（洋楽などからのいくつもの）影響が同じでないことが、もとの詩的感興を邪魔しているように見える。

最後に、U・渡辺氏の小さい交響的組曲は、時折主題の展開にいきづまる若い作家のものである。そこには明らかに、ストラヴィンスキーにとって大切な一番の方法を思い起こすものがある。その方法とはたとえば、高い倍音をバスのくすんだ音に重ねること、あるいは、ある種のリズムを細かく刻むこと、である。とはいえ、この作品では、主題は個性的であり、対位法はしっかりしている。そして、誠実さと、良質な感動の激しさが、至る所にみられる。

歌手にお祝いをのべよう。伊藤武雄氏は、中音域で美しい響きをもっていて、すぐれた演奏家である。

辻輝子嬢は、大変きれいな声をもっていて、その声は、とてもしなやかで、大きな魅力をもち、澄みきっている。数日前、彼女は、山田氏によって編曲された民謡を、時折、大変密度の濃いオーケストラの塊に少し覆い隠されながらも、聴衆を感動させるように歌った。

長々と評論を引用したのは、この文章によってグロボワがこの夜の演奏会と山田作品からいかに深い感銘を受けたかが生き生きと伝わってくるからである。一方で、このような高い評価の背景には戦時下の政治状況の影響があるのではないか、と考えることも可能である。そもそも太平洋戦争開戦以降、外国語新聞がことごとく停刊に追い込まれたにもかかわらず、仏語新聞のみがヴィシー政権ゆえに従来通り刊行を許されていたのである（とはいっても、戦時中ページ数は大幅に削減、紙質はひどく劣化していた）。たしかに、プログラム構成のなかにも、戦争は色濃く反映されている。渡辺浦人（一九〇九〜

一九九四年）は戦中、国威発揚のための作品を数多く世に出し、それゆえ戦後は活躍の場を一時的に失った作曲家である。批評文中の、一週間前の定期演奏会でとりあげられたパウル・グレーナーもナチに貢献した作曲家として戦後は作品の演奏機会を失っている。しかしだからといって、山田耕筰については、なんらかの圧力といった音楽外的な理由でこのような評論が書かれたとは考えにくい。通常の二倍以上の紙面を占め、同時代の世界の作曲動向を視野に入れつつ、日本人作品を相対的に評価したグロボワの評論は追従や外部圧力とは無縁の文章だと筆者には感じられる。

四　朝比奈隆との接点

このように原のオーケストラ運営は順調に滑り出していたが、早くも原は、一九四四年三月には上海を去り、ハルビンの『ヴレーミヤ（時代）』（旧称、ハルビンスコエ・ヴレーミヤ）というロシア語新聞社の理事長として赴任する。これは陸軍特務機関の要請によるもので、満州国通信社理事長としてハルビンの文化、情報工作の要職につくことになった。戦時にあって、原は音楽マネージャーというよりも軍部の文化工作におけるキーパーソンであった。近衛秀麿の兄、近衛文麿が原を指して「原蔵相」とあだ名をつけ、原を話相手にしていた（原は国際的な見地から日本の政治家や外交家に酷評を浴びせていた）というエピソード（追憶文集の秀麿による巻頭言）や、陸軍関係者との交友など、原は楽壇の外に政界や軍部とつながる人脈をもっていた。

原は上海交響楽団のマネージャーに着任してより「上海に日本人指揮者が必要、日本から招聘すべき」との持論を主張していた。彼の主張が通り、朝比奈隆を上海に招聘したのは陸軍情報部将校の中川牧三であったが、原と中川はともに近衛秀麿と近しく、旧知の仲であった。中川は戦前早い時期に近衛秀麿とともに渡欧した声楽家である。

一九四三年十二月、朝比奈隆がこのオーケストラの指揮者に抜擢され上海にやってきたとき、すでに原は支配人を退き草刈義人に交替していたが、朝比奈は楽団に非常に好意的に受け入れられている。朝比奈自身「自分よりも年長の団員に可愛がられた」「帰国の際に団員の貧しい生活の中で金を出し合って買ったショスタコーヴィチの交響曲第七番の楽譜を贈られた」と繰り返し語っている。朝比奈の師、エマニュエル・メッテルが、かつてハルビンで活躍し、一九三四年五月には工部局オーケストラを客演指揮したということもあったであろうが、原による楽団の移管が順調に行われていたことがうかがえる。日本人が西欧人オーケストラのマネージャーをつとめる、しかも戦時下にあって敵対する占領者側に立つものとして、そういった難局にあってこそ原という人物はその人間的魅力と語学力で真骨頂を発揮したとみえる。もちろん日本で新響時代に培ったオーケストラ・マネジメントの経験があってのことである。

当時、発行されていた新聞からはこのときの朝比奈の指揮の詳細を知ることができる。まず仏語新聞と中国語新聞《申報》には彼の演奏会の広告が掲載された。第五回～第九回、第十一回の定期演奏会が六回と大東亜戦争二周年記念演奏会の計七回である。上海初登場の記念演奏会のプログラムは画像6のとおりである。

前年の山田耕筰の際と同様に、グロボワは仏語新聞に批評を執筆している。朝比奈がメッテルの弟子であることなど経歴が丁寧に述べられているが、好意的に受けとめたという以上の批評ではない。山田耕筰の作品から受けた感銘の大きさに比べるとこの日のプログラムと演奏はグロボワに深い印象を残さなかったようにみえる。この演奏会は上海随一のグランド・シアターで開催された。以後は定期演奏会であったため、ライシャム劇場が会場である。

上海からいったん帰国した朝比奈は国内では戦時色が一層強まり演奏の機会がないため、再び外地のハルビン交響楽団を目指し、一九四四年五月には満州にわたり六月、ハルビン響を指揮する。もちろん、原はハルビンでも上海同様、陸軍の情報工作に関わり、ハルビン交響楽団も満州電電株式会社の傘下に移管された状況のなかでは、原の意向もあり朝比奈がハルビンに迎えられたと考えることが自然である。半年前にさかのぼれば、朝比奈の上海での客演の評判がよく、与えられたすべての演奏会を好評のうちに終えたことは当然、同地の原にも伝わっていた。そして、中川同様、戦時下にあっては軍部とつながる原が朝比奈を抜擢できる立場にあった。さらに、二十年前にさかのぼれば、学生の朝比奈が日露交歓の演奏会でその人生を左右するほどの衝撃を受けたその現場をとりしきっていたのが原であったのだから、原は楽壇における大先輩であった。

その二人の立場が大きく逆転するのはハルビン時代を経た日本敗戦後である。ソ連軍官憲から追われる身となった原を一間きりの借家の押し入れにかくまったのは朝比奈であった。原はからくもソ連軍に捕らえられることなく、敗戦の翌年十月に命からがら帰国をはたした。実際に彼は帰国後、長期療養が必要なほど健康を損なっていた。この恩義にむくいるため、原は戦後、朝比奈の要請を受け入れ、「二度と音楽とは関わらぬ」という信念をまげて関西交響楽団の事務局長に就任し、経営を担当することに

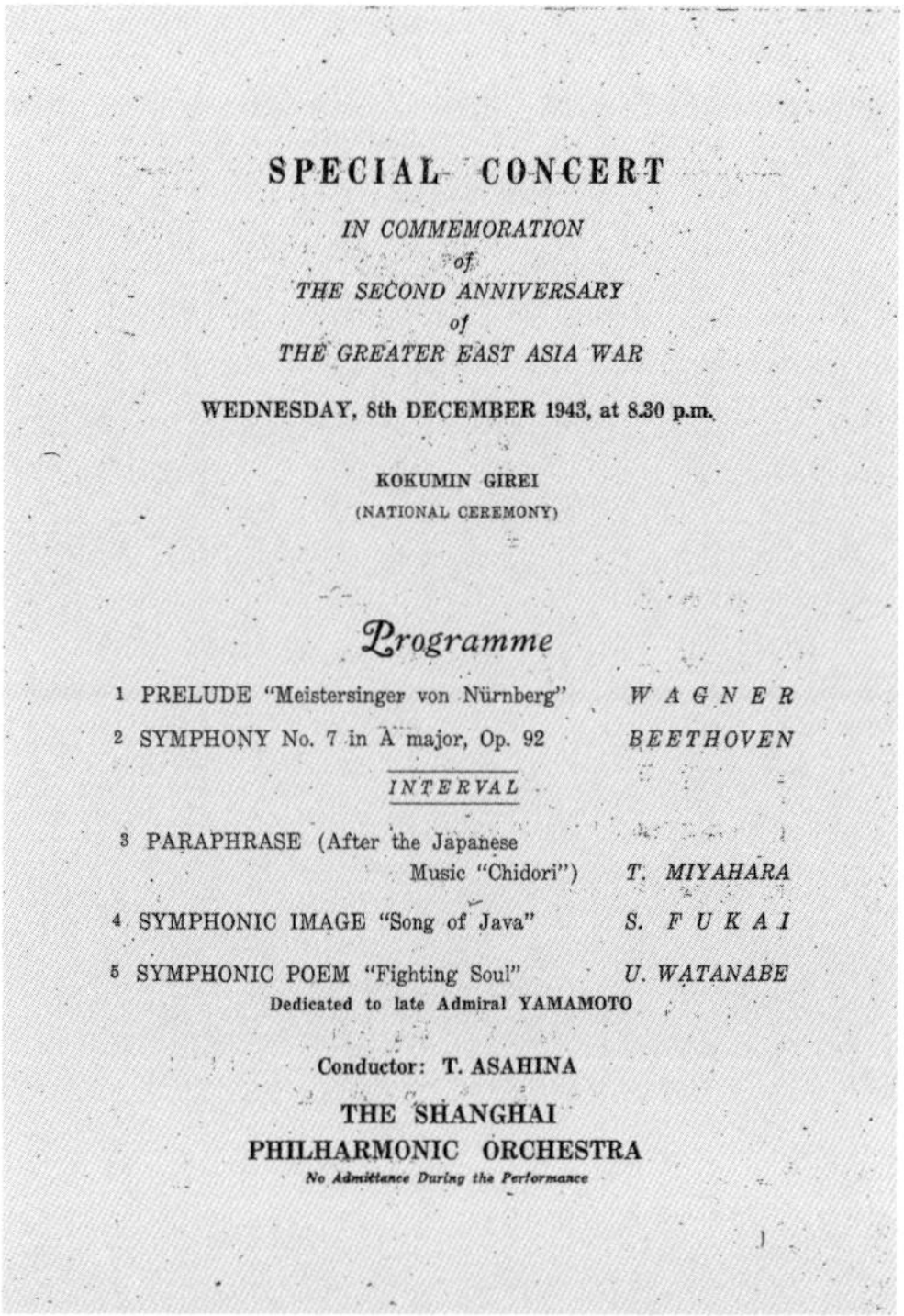

SPECIAL CONCERT

IN COMMEMORATION
of
THE SECOND ANNIVERSARY
of
THE GREATER EAST ASIA WAR

WEDNESDAY, 8th DECEMBER 1943, at 8.30 p.m.

KOKUMIN GIREI
(NATIONAL CEREMONY)

Programme

1 PRELUDE "Meistersinger von Nürnberg" — *W A G N E R*
2 SYMPHONY No. 7 in A major, Op. 92 — *BEETHOVEN*

INTERVAL

3 PARAPHRASE (After the Japanese Music "Chidori") — *T. MIYAHARA*
4 SYMPHONIC IMAGE "Song of Java" — *S. F U K A I*
5 SYMPHONIC POEM "Fighting Soul" — *U. WATANABE*
Dedicated to late Admiral YAMAMOTO

Conductor: T. ASAHINA

THE SHANGHAI
PHILHARMONIC ORCHESTRA

No Admittance During the Performance

画像6　大東亜戦争２周年記念演奏会プログラム（上海交響楽団資料室所蔵）

1943年12月８日（水）午後８時30分　グランド・シアター（大光明大戯院）
　宮城遙拝
　国歌奉唱
　祈念
〈プログラム〉
　「ニュルンベルクのマイスタージンガー」～第１幕への前奏曲　ヴァーグナー
　交響曲第７番　ベートーヴェン
　敷衍曲（箏曲「千鳥」による）　宮原禎次
　交響的映像「ジャワの唄声」　深井史郎
　交響詩「闘魂」――山本元帥に捧ぐ　渡辺浦人
　　指揮：朝比奈隆　　上海交響楽団

なったのである。当時の原は、音楽や文化は当分だめだ、生きるためには金儲けに転向するしかない、と貿易に眼を向け、音楽とはしだいに縁遠くなっていた。しかし、この決断が彼に早すぎる死をもたらしたことを思えば、音楽とは原にとって鬼門であった。

原とストロークとの長きにわたる交流にも当然のことながら「上海」が重要な接点となっている。すでにのべたように戦前からストロークと原は日本にやってくる外来音楽家のマネジメントを通じて協力関係を築いていた。上海在住のストロークに代わり、日本ツアーの実質的手配には当然、現地のマネジメントが必要となり、その役割を原が果たしていたのだ。必要に応じて原はストロークとともにシャリャーピンらの中国公演につき添った。そのうえ、戦争が原をもストロークがいる上海にひきよせた。

ストロークの華々しい興行活動は彼の戦前最後の米国渡航、盧溝橋事件が起こった一九三七年七月で停止した。その後は日本在住のシロタやクロイツァーを上海に招聘するなど小規模のマネジメントを続けたが、それも一九四一年一月で完全停止を余儀なくされた。日本軍占領時代にあってはユダヤ人への監視強化のなかでストロークの逼塞した生活が続いていた。そのような不遇の時代を乗り越えたストロークは再び、ハルビンから生還した原と手を組み、十四年の空白をうめる戦後初のストローク復活の一大プロジェクト、世界最高峰のヴァイオリニスト、メニューヒン招聘事業に着手した。米軍占領下の日本にあって数年間の準備を経て招聘が実現しようとする矢先、一九五一年、ストロークが羽田空港に到着する直前に原は過労による心臓マヒで突然この世を去った。原の絶筆となった文章には米国の一大興行主、ソル・ヒューロック[注4]の書物を読んでいる、と書かれていた。原はメニューヒン招聘の準備を進めるなかで、ストロークのような国際的音楽マネージャーとして生きていくことを決意し、メニューヒン招聘後も一流アーティストを招聘する事業を展開するつもりであったに違いない。

五　原とストロークの共同マネジメント

原について、今日まとまった情報をもとめるのは困難である。唯一、没後編まれた『原善一郎君追憶文集』（一九五二年刊、非売品）には巻頭の近衛秀麿による追悼文をはじめとして音楽界、財界、マスコミ関係者、軍人の貴重な証言が掲載されている。ストロークの日本でのツアーをマネージャーとして支えていたことも、複数の証言によって確認できる。ストロークが招聘した演奏家のラジオ放送録音に必ず付き添っていたことや、時には中国、ハルビンなどアジア・ツアーに同行したことなど、ストロークのツアーは原なしでは遂行できなかったと思えるほどに大きな貢献をなしていた。しかしマネージャーという裏方ゆえにストローク同様、なし遂げた仕事の大きさに比して、正確な記録が残らなかったのは、原自身が仕事の記録を残さず、抜群の記憶力でもってすべては彼の頭のなかに記憶されていたという事情による。これはストロークの手法と重なるものである。ストロークの直系の孫であるポール・アードラー（Paul S. Adler）氏および原の次女、原葵氏は筆者の質問に対して、二人が遺族に仕事上の資料を残していないと証言している。そして戦後のめざましい楽壇の発展と変化のなかで原の存在は忘れられていった。

戦後、わずか一回のみの招聘ではあったが、ストロークと原の国際的な共同音楽マネジメントは成功を奏した。メニューヒンは二人のマネージャーの周到な準備もあって予定通り、全国各地をめぐるツアーおよび録音、ラジオライブ放送を終えることができた。いまだGHQ支配下の日本にあって、この札幌から福岡にいたる全国十ヶ所のツアーの準備がいかに大きな困難をともなうものであったか想像に難くない。

メニューヒン来日公演のプログラム第一ページには二人のマネージャーの名前が次のように並記されている。

「マネジメント　A・ストローク　米国ニューヨーク五七番街ウェスト一一九／Z・原　日本代表」
(Management A.Strok 119 west 57th street, 19 N.Y., U.S.A. / Z. Hara representative for Japan)

プログラムの最後のページには朝日新聞社の「メニューヒンを迎う」という文章がおかれ、文中「帝劇の経営が松竹に移ってからも近衛秀麿氏を助けて新交響楽団の運営に当っていた原善一郎氏がストローク氏の日本代理人格をつとめ、よく松竹と折衝し、また本社の積極的な協力によってその後の数多くの芸術家の来演を可能にしたのであった。」と原の紹介を行っている。

この社会現象ともいえるメニューヒン招聘にいたる事情は当時、ときをおかず小説化されてもいる。[注5]作家、井上靖は小説『貧血と花と爆弾』を『文藝春秋』一九五二年二月号に発表した。目次には「民間放送開始をめぐつて二大新聞の血みどろの争闘と現代の英雄・記者氣質を描く」とある。メニューヒン来日後の放送権をめぐる熾烈なかけひきと人間模様を、関係者たちに取材し、一気に原稿一一〇枚を書き上げた。主人公のモデルは当時、毎日新聞社事業部長であった小谷正一（井上靖の『闘牛』の主人公でもあり、名うての興行師）である。小谷はストロークと原が計画する朝日新聞社によるメニューヒン招聘の情報をキャッチし、独占放送権を手に入れようと画策し、ついに自らがたちあげた民間放送局新日本放送でメニューヒンのライブ演奏を放送することに成功する。注6 この間の経緯を関係者への取材によって事実にもとづき描いた実録小説は小谷という主人公の眼を通して原の人となりをよく伝えている。作品中、原は冷静沈着、底がみえない器量の大きさで相手を圧倒する迫力をもつ人物として描かれている。後に小谷正一は原について「いわゆるマネージャーなる人種のなかで、私はこの原善一郎氏（その後死去）と三浦環のマネージャーであった天野豊文氏（業界引退）をホンモノだと思っている」（『文藝春秋』昭和三十三年四月号　二八〇～二九三ページ）と記している。主人公のかたわらにはストロークの上海での不遇時代を支えたとされる毎日放送の岩崎愛二も登場する。岩崎は戦時下、上海交響楽団の理事であり、ユダヤ人であるがゆえに逼塞していたストロークを支援していた。ストローク、原、岩崎という上海人脈がこの鳴り物入りのクラシック興行を支えていたことになる。

原の最後の肩書きは関西交響楽団専務理事であった。朝比奈は一九五〇年春、大阪放送交響楽団から離脱し、新たに関西交響楽団を社団法人として再編した。その際に、楽団経営を任すべく原に専務理事就任を請うた。原は楽団の運営を任され、舵取りをしつつも次の一手、朝比奈が袂を分かつことになったＢＫ（現、ＮＨＫ大阪放送局）と関響との和解、提携を目論んでいた。突然の死によって断ち切られたにせよ、「戦前の近衛（日響、新響）」から「戦後の朝比奈（関響）」という日本のオーケストラ史を原善一郎というマネージャーが一本の線でつないでいたことになる。その軌跡はハルビンに始まり、東京、上海、ハルビン、東京、大阪をたどり、ストロークと深く交差し、近代日本の音楽マネジメント史

關西交響樂團々員表

The Kansai Symphony Orchestra
Orchestra Personnel for April, 1950.

專任指揮者　朝比奈　隆
Conductor　Dr.　Takashi Asahina

1st Violins
宮本政雄 M. Miyamoto
小杉博英 H. Kosugi
小川　功 I. Ogawa
谷藤雅也 M. Yato
由井敏子 U. Yui
山田順次 J. Yamada
森田利夫 T. Morita
遠上長太 C. Enjo
北村龍司 T. Kitamura
虎田行三 G. Torada
石塚　良 R. Ishizuka
澤田秀雄 H. Sawada
潮崎　滿 M. Shiozaki
湖谷郁郎 I. Kotani
青木安太郎 Y. Aoki
平野　章 A. Hirano
天野壽子 H. Amano
三木喜久子 K. Miki
小埜　博 H. Ono
中西英雄 H. Nakanishi
西田秀雄 H. Nishida

2nd Violins
長谷川孝一 K. Hasegawa
森安　優 M. Moriyasu
玉木信一 S. Tamaki

Violas
岩崎靜雄 S. Iwasaki
伊藤貞亮 T. Ito
能井三夫 M.Noi
沼　光藏 K. Numa
吉川索六 S. Yoshikawa
蛯子正純 M. Ebiko
山内登志雄 T. Yamauchi

'Cellos
伊達三郎 S. Date
和泉一男 K. Izumi
島　雅昭 M. Shima
田中　啓 K. Tanaka
向江久雄 H. Mukae
苅田　康 Y. Kanda

Basses
瀬山　勇 I. Seyama
伊佐田耕一 K. Isada
大澤　昇 N. Ozawa
南村　猛 T. Namura
前野繁男 S. Maeno
白井修三 S. Shirai

Flutes
佐藤和助 W. Sato
大岩臨平 R. Oiwa

Piccolo
平田益美 M. Hirata

Oboes
鈴木清三 S. Suzuki
脇田　智 S. wakita
岸本晴夫 H. Kishimoto

Clarinets
後藤信行 N. Goto
兼氏康雄 Y. Kaneuji

Bassons
長妻清太郎 S Nagatuma
太田憲雄 N. Ota

Horns
大栗　裕 H. Oguri
瀬川三喜雄 M. Segawa
吉田民雄 T. Yoshida
平岩喜代三郎 K. Hiraiwa

Trumpets
安井清士 S. Yasui
大栗　昌 S. Oguri

Trombones
石川　武 T. Ishikawa
堀内正二 S. Horiuchi
村山久仁彦 K. Murayama

Tuba
葛生本治 M. Kuzuu

Tympani
淺井安雄 Y. Asai

Percuss'ons
松下猪平 I. Matushita
平石亨二 R. Hiraishi

Harp & Piano
遠藤一枝 K. Endo
和泉春子 H. Izumi
伊奈和子 K. Ina

Librarian
長野善三郎 Z. Nagano

Inspecter
吉田民雄 T. Yoshida

事務局長　原　善一郎；粕谷二郎，野口幸助
General Manager　Zenichiro Hara ; Jiro Kasuya, Kosuke Noguchi

關西交響樂協會事務所：大阪市東區北濱4丁目55番地　電話：北濱㉓1679番
Business Office : No. 55, 4-chome, Kitahama, Higashiku, Osaka, Japan.
Tel. Kitahama, ㉓—No. 1679

画像７　関西交響楽団改組後の団員表。事務局長に原善一郎、粕谷二郎、野口幸助の名前がある。1950年（昭和25年）（OCMM 所蔵）

画像８　1943年上海にて朝比奈歓迎パーティ（後列左より小牧正英、朝比奈隆、中川牧三、一人おいて草刈義人。前列右二人目はバレエ・リュスの振付師ソコーリスキー）（上海交響楽団資料室所蔵）

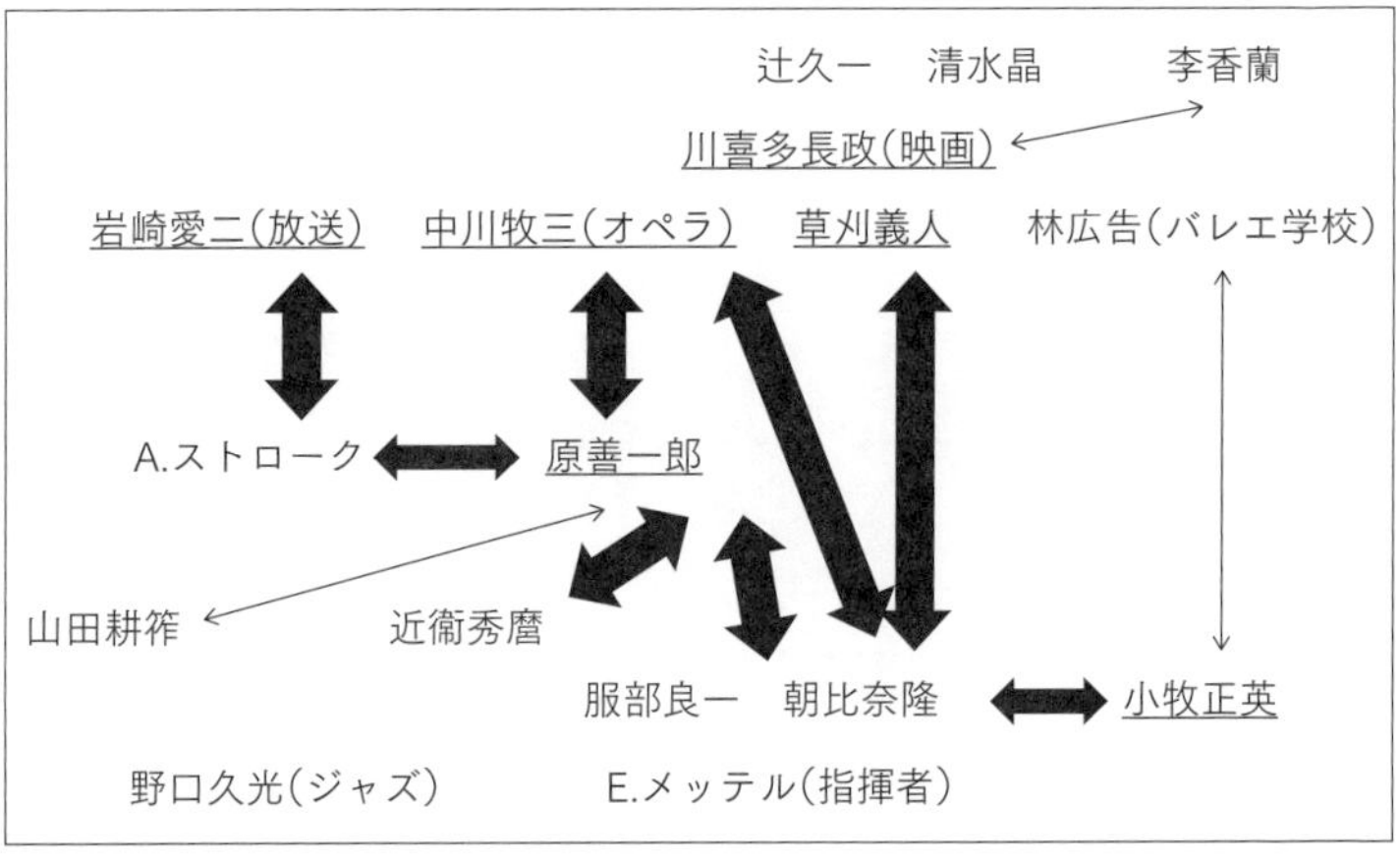

図１　上海人脈（上海租界から戦後日本へ：音楽、バレエ、映画に関係した日本人）
下線：上海音楽協会関係者

そのものであったということに気づかされる。一九五一年九月二十二日、原の大阪朝日会館での音楽葬では近衛秀麿と朝比奈隆が指揮をとり関西交響楽団が献奏を行った。

六　外地からもたらされたマネジメント戦略

音楽マネジメントにおいてストロークは独自の手法をもっていた。原が急逝しなければ、その手法は原によって確実に受け継がれていたはずである。

では、ストロークの手法とはいったいどのようなものであろうか。まず、第一にあげられるのは、「ストローク」という興行ブランドを確立することである。上海では新聞に「A・ストロークの公演」として広告を掲載し続けた。このようなマネージャーはほかに存在せず唯一無二の存在であった。そしてストロークという自分の名前を冠した公演は一定の条件を満たすものでなければならなかった。それは彼自身が超一流とみとめるアーティストであり、ジャンルはオペラ、クラシック音楽、バレエ、ダンスに限定し、芸術ジャンル以外には手を出さなかった。チケットは破格の価格設定、ホールも一流、すべてが一流で統一され、アーティストの出迎えから見送りにいたるまで、彼自身の流儀にそったやり方で遂行されていた。シャリャーピンのアジア・ツアーのように契約のためヨーロッパまで赴き、契約成立を新聞のニュースとして流す、日本や上海上陸後には数々のエピソードが生まれ、それらがニュースとなって新聞を彩る、そういったプロデュースがストローク方式であった。戦後の一九五五年五月、ストロークが海外オーケストラの初来日公演としてシンフォニー・オブ・ジ・エアー（トスカニーニが率いたNBC交響楽団の後継団体）を連れてきた際のプログラムにはStrok Tillett & Holt Ltd.という社名のもと広告を掲載した。ニューヨークとロンドンにインターナショナル・コンサート・ビューローを構え、「このたびNYとロンドンの二つの事務所はアーティストのワールド・ツアーを手配することになりました。ラリー・アードラーの世界ツアー、すなわちインド、パキスタン、シンガポール、フィリピン、香港、日本、ニュージーランドを巡るツアーを事務所がアレンジしました」とある（画像9）。事務所をカーネギーホールの前に構え、ソロモン・カットナー、ユージン・イストミン、ディートリッヒ・フィッシャー＝ディスカウらマネジメントを行う錚錚たるアーティスト名をあげ「当事務所はニューヨーク・デビュー・リサイタルの依頼も受けつけます」とある。晩年にいたってもなお上海で起業したときと同じ手法、つまり、自分が一流と信じるアーティストのマネージャーとなり、かつての航路にかわる空路によるアジア・ツアーを実施するマネジメントを手がけ続けた。

今日われわれが彼のマネジメントの特徴を知る手がかりとしてはモノとして残されたプログラムの冊子がある。現存する数多くのプログラムから何が読み取れるのだろうか。ストロークが手がけたプログラム、とくに大阪朝日会館のそれにはほかの国内演奏家のプログラムとは異なる大きな特徴がある。同時代の邦人演奏家のプログラムに比して、紙質が極めて上質であること、そしてデザインと言語表記にも独自のスタイルを貫いていた。

一九一〇年代から三〇年代にかけて、邦人演奏家のプログラムはモノクロ印刷が多く、用紙も現代の感覚からすると粗悪な品質であった。しかし、ストロークが関わる演奏会プログラムは別格といえる豪

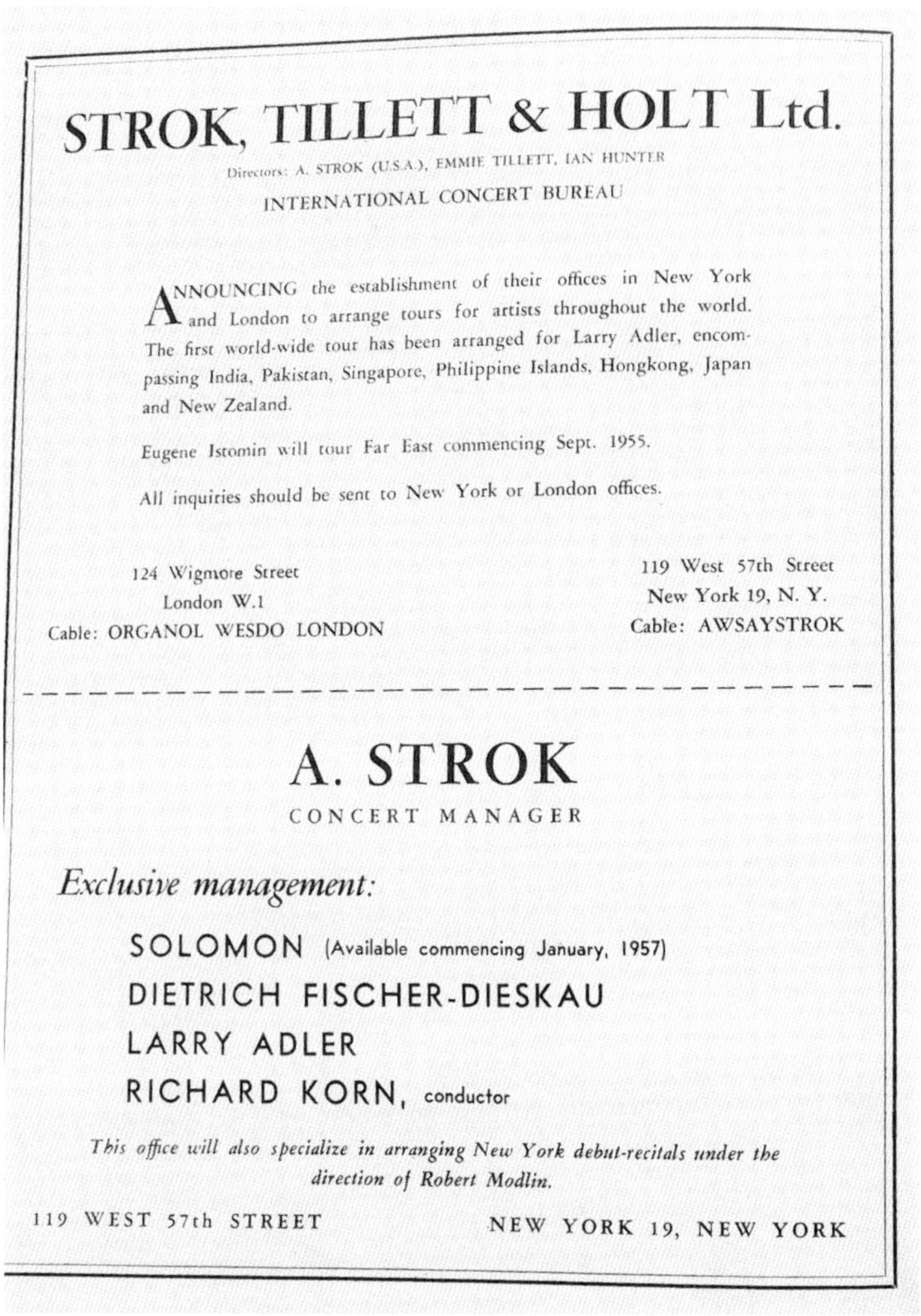

画像９　ストローク事務所の広告（1955年５月、シンフォニー・オブ・ジ・エアーの公演プログラム）（OCMM所蔵）

華なものである。今日なお経年変化していない、当時としては破格の上質紙であり、大型であることが多かった。

表紙デザインはおおむね、戦前としては異例の欧文表記がメインであり、日本語はまったく書かれていないケースすらある。あるいは日本語が補助のかたちで目立たないように書き添えられている。通常は演奏家の名前が原語綴りでなくカタカナで表記され、それも元の発音からすれば珍妙なカタカナが使われていた時代のことである。また、曲目なども欧文と日本語が必ず並記されているのが特徴である。先に欧文、次に日本語といった欧文優位のいわば「上海スタイル」のプログラムであった。

また、一貫して「A. Strok」という自らの名前を必ずローマ字でかなり目立つように配置していることも特徴となっている。日本の洋楽プログラムの表紙にこのようなマネージャー個人の名前を入れることはかつてなかったし、その後も定着していない。プログラム自体にほかの公演との差異を象徴的に示す工夫がなされていたこと、彼の企画はほかとは一線を画すものだという強い自負とプロデュース戦略がうかがえるのである。

ここに、特にデザイン面で特徴があるいくつかの例を紹介してみたい。いずれも一九三〇年代前半の大阪朝日会館を会場とするものである。

プログラムの紙質やデザインが同時代のものに比べて突出しているのには、おそらくストロークの強い主張があったと思われる。彼は多くのアーティストの評伝などにその個性的な言動を記録されているが、チェレプニンとのエピソードは興味深い。一九三五年、作曲家、チェレプニンは北京で演奏会を開いた際にマネージャーであるストロークと言い争いになったという。「プログラムは英語のみでよい」

と主張するストロークの言い分は「聴衆の九割は西欧人であり、一割の中国人も英語が読める」というものであった。しかしチェレプニンは英文、中文並記を主張し、ついに主張を通した、というのだ。[注7]ひるがえって日本でのプログラム、それも一九三〇年代のそれが欧文を用いているのは、チェレプニンの北京公演とは事情が異なる。ストロークは日本公演の聴衆が日本人であることは十分承知していたはずで、それでも欧文を使ったのは、西欧文化をその言語で表記することへのこだわりをもち、日本人の欧文＝ヨーロッパへのあこがれをも理解したうえで、自分がプロデュースする演奏会はほかとは一線を画するものだという強い自負をプログラムで表現していたのではなかろうか。

こういったストロークのマネジメントの手法を受け継いだ人物を探すなら、その一人は梶本尚靖（一九二一～二〇一六年）であろう。梶本が招聘した数々の世界的アーティストの来日公演にはストローク同様の選択基準、当代一流しか招聘しない、そして事務所名を前面に出すというブランド戦略がみてとれる。梶本が来訪したアーティストを自宅で手料理をもってもてなし、個人的交友関係をとり結ぶやり方もストロークと重なる。しかも、梶本自身は原善一郎とつながるマネジメントの系譜上に位置している。というのも原善一郎が専務理事をつとめた関西交響楽団には野口幸助が事務方マネージャーとして在籍しており、その野口の事務所で梶本はマネジメントの仕事を覚えその後、一九五一年に独立したからである。一九五三年十月二十七日、梶本音楽事務所（大阪）が手がけた巌本真理リサイタルのプログラムは国内演奏家のそれとしては異色のデザインである。最小限のローマ字のみで構成され、赤、青、黒による大胆なカラーとデザインはストロークのプログラムを彷彿させるものである（画像13）。

これまでみてきたように、ストロークと原、すなわち上海、ハルビンという外地を抜きにしては日本

例２：画像11）表紙が特殊な紙質でデザイン性が強いもの（表、裏）
ガリ・クルチ（ソプラノ）（1935年６月２日旧関西学院講堂　４日京都朝日会館　５、７日大阪朝日会館）（OCMM 所蔵）

例１：画像10）欧文のみで表紙が構成されている例
イグナツ・フリードマン　ピアノ演奏会（1933年10月9、10、11日　大阪朝日会館）（OCMM 所蔵）

例３：画像12）表紙に銀を用いた斬新なデザイン
ピアチゴルスキー・チェロ・リサイタル（1936年10月15日～21日　大阪朝日会館ほか）（OCMM 所蔵）

の音楽マネジメント史、とくに戦前から一九五〇年代については十分に語りえない。二人の共同事業によって、ストローク的マネジメントは一時代を築き、日本の楽壇に大きな足跡を残した。それは今日なお続く「外来アーティスト信奉」にもつながる風土をつくったともいえる。広報重視、高額なチケット代金、豪華なプログラムにみるイメージ戦略などストロークがとった手法は関西では大阪朝日会館のバックグラウンド、つまり阪神地域の富裕層をひきつけた。朝日新聞社社主の村山家やアサヒビールの山本為三郎といった財界人との親密な関係もストローク・ブランドに箔をつけていた。ストロークの最後の事業プランは日本で国際音楽祭を開催することであったが、この夢は朝日新聞社＝村山家によって「大阪国際フェスティバル」（一九五八年〜）として受け継がれていくことになる。

しかし同時に、時代は大きく動いていた。戦後、ラジオ放送やＬＰレコードによってクラシック音楽が身近な存在となり、国内産の安価な楽器の普及とともにおけいこ事としての洋楽がさかんになると、誰もがよい音楽を聴きたいと願う「クラシック音楽の大衆化時代」が到来した。大衆のクラシック熱にこたえるためにはストロークの手法とは対照的な新たなシステムが必要になった。そのシステムの名は「勤労者音楽協議会」、略して「労音」の誕生である。ストロークの根拠地、大阪朝日会館で、館長である十河巌が須藤五郎（元宝塚歌劇団、労働組合委員長、関西労音の初代会長）とともに陣頭に立ち

画像13　巌本真理　リサイタル・プログラム　1953年10月27日（OCMM 所蔵）

「良い音楽を安価に」をモットーに、入場税ゆえに割高にならざるをえない芸術公演を団体での安定的な切符購入によって安く鑑賞できる画期的システムを生み出した（発足時の「音楽」とはクラシック音楽を指していた）。このシステムはまたたく間に爆発的に会員を増やし、急速に近畿各地から全国へと広まり、最大時の会員数は全国六十万人を超えていた。市民、中産階級、勤労者、学生といった普通の人々が支える労音は戦前から続く「興行主（ストローク）の時代」と入れ替わるように広まっていった。

注

（1）原の追憶文集のなかに、元陸軍中将の土居明夫が「追憶」という文章を寄せ、上海にいた原をハルビンによびよせ、『ヴレーミナ』を任せた、とある。当時、土居はハルビンの特務機関長であった。土居と原の関係は昭和十五年にさかのぼり、原は東京で参謀本部の嘱託として宣伝の仕事をしており、土居と交友関係にあった。こういった人脈からも原が上海、ハルビンで特務機関の仕事をしていた、といういくつかの証言はまちがっていないと考えられる。

（2）上海音楽協会とは「一九四二年六月に設立された財団法人で、外務省、興亜院、陸海軍の監督のもと、上海在住民間人によって組織された」（参考文献～榎本泰子　二〇一五年：五十四ページ）。英語名はShanghai Philharmonic Societyである。オーケストラは協会が接収後、上海交響楽団（Shanghai Philharmonic Orchestra）と名称を変更した。オーケストラのみならず、上海バレエ・リュス、上海ロシア歌劇団も傘下におさめ、日本敗戦までのあいだ協会主催で公演を実施していた。小牧正英はバレエ団員でありつつ協会側の日本人として団と協会の仲介を行っていた。

（3）大東亜共栄圏建設のため、大陸ではさまざまな分野で文化工作がすすめられた。新聞、映画、ラジオ放送などと並んで、音楽においても文化工作の目的にそって邦人作品を積極的にとりあげること、現地の演奏家、すなわち中国人演奏家を登用することが推奨された。上海交響楽団においては当初、音楽院の創設や舞踊学院の創設（日本舞踊、共栄圏舞踊を音楽院と同時に開設）、琴、尺八と交響楽の合奏などの計画が発表されたが（『音楽之友』一九四二年九月号、一一五〜一一八ページ）いずれも実現はされなかった。

（4）ソル・ヒューロック（Sol Hurok）は一八八八年、ロシア生まれのユダヤ系アメリカ人。米国の大興行主としてクラシック音楽はもとより、バレエ、ダンスの分野で興行的成功をおさめた。アンナ・パヴロワ、ボリショイ・バレエ団、バレエ・リュス・ド・モンテカルロといった彼の興行は米国にバレエ・ブームをもたらしバレエの普及を加速させた。マリアン・アンダーソンのように黒人初の世界的オペラ歌手のマネジメントでも知られる。ストロークがバレエ、ダンスを守備範囲としていた点はヒューロックと重なるものである。実際、ジンバリストやシャリャーピンなど、二人が同一のアーティストを担当しているケースも多かった。

（5）高木伸幸　一九九八年「井上靖「貧血と花と爆弾」論――「真物」の男たちの「熱情」――」『国文学攷』一五九号四十七〜六十ページ、広島大学国語国文学会。

（6）一九五一年、それまでNHKの独占であったラジオ放送が民間に開かれ、全国で十六社が選ばれ、民間放送の免許が与えられた。大阪では新日本放送（現、毎日放送）と朝日放送の二社が選ばれた。新日本放送（NJB）は一九五一年、九月一日に本放送を開始した（試験放送では民間第一声を放送している）。小谷正一はこの新日本放送の放送部長として、ライバル社である朝日新聞社が招聘したメニューヒンの演奏権と放送権が別々であることに眼をつけ、ストロークから放送権を得て、メニューヒンの独占放送を行った。一九五一年十月二十二日に民間ラジオNJBからメニューヒンの演奏がライブで放送された。

（7）張已任 二〇一三年「斉尔品与中国近代音楽」『音楽芸術』：四十七〜五十七ページ。

コラム

十三　朝比奈隆の上海体験

朝比奈隆（一九〇八～二〇〇一年）は太平洋戦争中、一九四三年十二月八日の太平洋戦争開戦記念演奏会を皮切りに上海交響楽団の演奏会に計七回登場した。これは日本軍の文化工作の一環としての招聘であり、軍が接収した上海交響楽団の指揮者に選ばれたためである。人選を行った中川牧三（当時は陸軍情報部将校、オペラ歌手）は当時をふりかえってその理由を、朝比奈の外国語能力と押し出しのよさにあったと述べている。

朝比奈は生まれてはじめて上海で西欧人のプロ・オーケストラを指揮し、その体験が自身のキャリアのターニングポイントになったことを長く語りつづけた。実際、彼にとっては上海交響楽団こそがヨーロッパとの出会いであった。

ただし、このチャンスは日本軍の文化工作がもたらしたものであり、『大陸新報』一九四四年一月四日の紙面には「朝比奈氏苦心の作曲なる」として松島報道部長作詞《壮烈柴崎部隊》の軍歌の手書きの五線譜が掲載された。軍部によばれた身であれば、作曲の要請を断ることは論外の時代であった。上海に朝比奈を招聘した中川牧三は軍人であり、小牧正英は軍部によるバレエ団やオーケストラの接収の担当者であった。関係者が戦後、上海の楽壇について積極的に語ろうとしなかったのは軍部との関わりを避けて上海楽壇は語り得ない、という事情があったためであろう。

　ちなみに上海における朝比奈は阿部知二の小説『緑衣』（一九四六年『新潮』に発表）のなかに若き指揮者Aとして登場する。朝比奈はブラームスとベートーヴェンを指揮したとあり、阿部は一九四四年一月十六日のライシャム劇場、定期演奏会を聴いたと考えられる。朝比奈は阿部が投宿していたのと同じ、劇場の南隣のキャセイ・マンションズの十階に投宿し、演奏の後にはそのマンションのバーで日本人、西洋人に囲まれ賑やかにビールで祝杯をあげる姿が描かれている。

あとがき

上海租界、とくにその一九三〇年代から四〇年代は映画と小説に繰り返し登場する魅力あふれる舞台である。租界の華洋いりまじる景観やライフスタイル、欧米列強と日中、各国の複雑に入り組んだ政治かけひきなど、租界とその時代は戦後七十年を経ても、なお一層、人々の想像力を刺激してやまない時空間である。そこはアジアのなかにあってペテルブルク、ヴィーン、ベルリン、パリそしてアメリカ文化にふれることがかなう希有な街であった。

もっとも植民地支配、日中戦争という側面からみるなら上海租界とは外界からの侵略によって生まれた畸形の都市であり、そこに開花した文化も中国国内では長く否定ないし黙殺、封印されてきた。

二〇世紀前半、革命と戦争によって、上海はロシア人亡命者、ユダヤ人避難民たちを磁石のように引き寄せた。結果、亡命者たちはこの地に母国でかなえることができなかった夢の実現のための楽壇を築きあげた。それが「上海楽壇」である。

西洋人のオーケストラやロシア人のバレエの存在は知られているものの、一歩ふみこんで、当時の亡命者たちの芸術活動とは、と調べようとし、「いつ、どのような音楽やバレエ（作品）が誰によってどのように舞台で上演されたのか」という実情、内実を明らかにしようとするならかなりの困難をともなう。なぜなら租界の文化を調べようとするなら少なくとも英仏露中日の各国語を使う必要があるからだ。この多言語の壁こそが租界の文化研究の越えがたいハードルであり続けた。

とても一人の研究者では扱うことができない租界という多言語空間を劇場文化という切り口でみていこうという野心的な共同研究が始まったのが二〇一一年のことであった。科研費による共同研究というかたちで六名によるチーム（大橋毅彦代表、榎本泰子、趙怡、関根真保、藤田拓之、井口）が動き始めた。

共同研究が始まってまもない二〇一一年八月に、私はパリのフランス国立図書館（Bnf）で厳重に管理されてきた仏語新聞『ル・ジュルナル・ド・シャンハイ』を見ることができた。おそらく戦後ほとんど人目にふれることがなかった忘れられた資料であった。さっそく科研費で電子化を実現し、それがきっかけとなりBnfが所蔵紙面を全面的にウェブサイト上で公開するにいたった。メンバーの趙怡女史がこの仏語新聞に取り組み、一方で、英字新聞は藤田拓之氏が丹念に読み込むといった科研メンバーによる分担作業が進められた。つまり劇場＝ライシャム劇場の一日単位の公演記録を新聞から読み取る作業が始まったのである。

一方、新聞という媒体は、筆者に「興行主ストローク」の再発見をもたらしてくれた。上海および日本、ひいてはアジアに世界的アーティストによるあまたの演奏会やバレエ公演を実施したストロークの仕事は、「極東一の興行主」としてその名こそ残っているものの、国境を越えた彼の活動は上海発行の新聞を通してのみ、その全容に近づくことができたのである。

本書を執筆するにあたって、多言語という壁を乗り越えるために、フランス語については大塚拜子氏、ロシア語については柚木かおり氏に協力いただいた。また、第三章については、斎藤慶子氏（日露バレエ交流史）、コラムのいくつかについては西村正男氏（中国近現代文学、中国メディア文化史）から有益なコメントをいただくことができた。

本書の刊行は、企画段階での担当者であった上田友梨氏と、その後の編集担当者、青野泰史氏によって実現した。筆者にとって西洋音楽やバレエはこれまでの専門領域（中国をフィールドとする民族音楽学研究）とは大きく異なる新たな領域であり、その向こう見ずな挑戦を音楽書専門の編集者に支えていただいたことに深く感謝している。

新聞とは、そこに掲載された記事、評論、画像、広告が過ぎ去った時代の音楽やバレエといった劇場文化をよみがえらせるための重要資（史）料である。仏語新聞をはじめとして、公開が進む各国語の新聞に取り組む次の世代が本書の取り組みをさらに大きく前進させてくれることを願いたい。

二〇一八年十月三十一日

井口淳子

著者プロフィール

井口淳子（いぐち　じゅんこ）

大阪音楽大学音楽学部教授（音楽学、民族音楽学）。大阪大学大学院文学研究科博士後期課程単位取得、文学博士。主な研究テーマは「中国の音楽・芸能研究」および「近代アジア洋楽史」。主な著書に『中国北方農村の口承文化─語り物の書・テキスト・パフォーマンス』（1999年、東京：風響社）、共編著として『上海租界與蘭心大戲院─東西藝術融合交匯劇場空間』（2015年、上海：上海人民出版社）がある。

オルフェ・ライブラリー

亡命者《ぼうめいしゃ》たちの上海楽壇《しゃんはいがくだん》

租界《そかい》の音楽《おんがく》とバレエ

2019年3月5日　第1刷発行

著者　井《い》口《ぐち》淳《じゅん》子《こ》
発行者　堀内久美雄
発行所　株式会社 音楽之友社
〒162-8716　東京都新宿区神楽坂6-30
電話　03(3235)2111(代表)　　振替　00170-4-196250
本文組版・印刷　藤原印刷
製本　ブロケード
装幀　久保和正デザイン室
ウェブサイト　https://www.ongakunotomo.co.jp/

ISBN978-4-276-37112-5 C1073

索　引

あ

か

さ

た

な

は

ま

参考文献

第一章

晏妮：2010年『戦時日中映画交渉史』東京：岩波書店。
大橋毅彦：2017年『昭和文学の上海体験』東京：勉誠出版社。
秦剛：2015年「上海租界劇場アニメーション上映史考―『ミッキーマウス』、『鉄扇公主』『桃太郎の海鷲』を中心に」大橋毅彦、関根真保、藤田拓之編『上海租界の劇場文化―混淆・雑居する多言語空間』東京：勉誠出版社、204〜221。
高綱博文編：2005年『戦時上海―1937-45年』東京：研文出版。
高綱博文、石川照子、竹松良明、大橋毅彦編：2016年『戦時上海のメディア―文化的ポリティクスの視座から』東京：研文出版。
武田泰淳：1976年『上海の蛍』東京：中央公論社。
人間文化研究機構連携研究「日本コロムビア外地録音のディスコグラフィー的研究」プロジェクト編集発行：2008年『日本コロムビア外地録音のディスコグラフィー・上海編』。
藤田拓之：2015年「上海の外国人社会とライシャム劇場」大橋毅彦、関根真保、藤田拓之編『上海租界の劇場文化―混淆・雑居する多言語空間』東京：勉誠出版社、7〜23。
2015年『居留民の上海―共同租界行政をめぐる日英の協力と対立』東京：日本経済評論社。
劉文兵：2016年『日中映画交流史』東京：東京大学出版会。
［中国語］
葛涛：2009年『唱片与近代上海社会生活』上海：上海辞書出版社。
瀬戸宏：2015年「蘭心大戯院與中国話劇」大橋毅彦、趙怡、榎本泰子、井口淳子編『上海租界與蘭心大戯院―東西藝術融合交匯劇場空間』上海：上海人民出版社、219〜239。
上海租界誌編纂委員会編：2001年『上海租界誌』上海：上海社会科学院出版社。
趙怡：2015年「蘭心大戯院上演劇目一覧表（1941〜1945）」大橋毅彦、趙怡、榎本泰子、井口淳子編『上海租界與蘭心大戯院―東西藝術融合交匯劇場空間』上海：上海人民出版社、243〜294。
［資料］
Werner von Boltenstern Shanghai Photograph and Negative Collection, Department of Archives and Special Collections, William H. Hannon Library, Loyola Marymount University.

第二章

朝比奈隆：1978年『楽は堂に満ちて』東京：日本経済出版社。
1985年『朝比奈隆―わが回想』東京：中央公論社。

阿部吉雄：2003年「上海のユダヤ人『移住者住所録』(1939年11月) と興亜院華中連絡部の『上海ニ於ケル猶太人ノ状況（主トシテ歐洲避難猶太人)』(1940年1月)」『言語文化論究』18、111～127。

2007年「上海のユダヤ難民音楽家」『言語文化論究』22、29～40。

2011年「資料調査 上海のユダヤ人難民新聞―『*Shanghai Jewish Chronicle*』(1939年）の記事から」『言語文化論究』26、155～170。

井口淳子：2016年「近代からコンテンポラリー（現代）へ―音楽評論が伝える一九三〇年代の上海楽壇とバレエ・リュス」川原秀城編『中国の音楽文化―三千年の歴史と理論』東京：勉誠出版社、165～186。

榎本泰子：1998年『楽人の都・上海―近代中国における西洋音楽の受容』東京：研文出版。

2006年『上海オーケストラ物語―西洋人音楽家たちの夢』東京：春秋社。

大里浩秋、孫安石編（神奈川大学人文研究所)：2006年『中国における日本租界―重慶、漢口、杭州、上海』東京：お茶の水書房。

大橋毅彦、趙夢雲、竹松良明、山崎眞紀子、松本陽子、木田隆文編著・注釈：2008年『上海1944―1945　武田泰淳『上海の蛍』注釈』東京：双文社出版。

関根真保：2010年『日本占領下の〈上海ユダヤ人ゲットー〉』京都：昭和堂。

高綱博文：2009年『「国際都市」上海のなかの日本人』東京：研文出版。

中丸美繪：2008年『オーケストラ、それは我なり―朝比奈隆四つの試練』東京：文藝春秋社。

［英語］

IGUCHI Junko: 2013 "Osaka and Shanghai: Revisiting the Reception of Western Music in Metropolitan Japan" in *Music, Modernity and Locality in Prewar Japan: Osaka and Beyond* edited by Hugh de Ferranti and Alison Tokita, Surrey: Ashgate, 283-299.

Kranzler David: 1976 *Japanese, Nazis and Jews: the Jewish Refugee Community of Shanghai, 1938-1945.* New York: Yeshiva Univ. Press.

Paci Zaharoff Floria: 2005 *The Daughter of the Maestro: Life in Surabaya, Shanghai,* and Florence, New York, Lincoln, iUniverse.

Utz Christian: 2003 "Auslöser der musikalischen Moderne in China: Das Wirken Wolfgang Fraenkels im Exil Shanghai." mr-Mitteilungen 49: 1-16.

2004 "Cultural accommodation and exchange in the refugee experience: a German-Jewish musician in Shanghai" In *Ethnomusicology Forum*, Vol.13-1. pp.119-151.

Avshalomov Jacob and Aaron: 2002 *Avshalomovs' Winding Way: Composers Out of China Chronicle*, Xliblis Corporation.

［中国語］

井口淳子、榎本泰子、大橋毅彦、関根真保、藤田拓之、趙怡：2013「二〇世紀四〇年代上海租界蘭心大戯院的藝術活動―以 *Le Journal de Shanghai*（法文上海日報）為主要

史料」『音楽芸術』（上海音楽学院学報）2013（1）、134～141。
洛秦主編：2012『海上回音叙事』上海：上海音楽学院出版社。
馬長林主編、上海挡案館編：2003『租界里的上海』上海：上海社会科学院出版社。
秦西炫：2001「回憶沃爾夫岡弗蘭克爾」『音楽芸術』（上海音楽学院学報）第1期：18～19。
桑桐：1990「紀念弗蘭克爾与許洛士—介紹两位原我院德国作曲教授」『音楽芸術』（上海音楽学院学報）第1期：14-19。
1991「《夜景》中的無调性手法及其他」『音楽芸術』（上海音楽学院学報）第3期：56-63。
桑桐、陳銘志、葉思敏：2007「解放前上海音楽学院理論作曲専業的歴史回顧」『音楽芸術』（上海音楽学院学報）第3期：24-39。
上海交響楽団 建団一二〇周年紀念画册編委会（陳陽主編）：1999『上海交響楽団建団一二〇周年紀念画册』。
上海交響楽団：2009『上海交響楽団一百三十周年』。
湯亜汀：2007『上海猶太人社区的音楽生活（1850-1950, 1998-2005）』上海：上海音楽学院出版社。
汪之成：1993『上海俄僑史』上海：三联書店上海分店。
2007『上海俄僑音楽家在上海（1920's-1940's）』上海：上海音楽学院出版社。
趙怡：2017「研究上海租界史不可或欽的史料宝庫—『法文上海日報』〔1927～1945〕」馬軍、蒋杰主編『上海法租界史研究』第2輯、3-26、上海：上海社会科学院出版社。
周国栄：2010『国立音専教学実践活動管窺』、CNKI 上発表（修士論文）中央音楽学院。
［資料］
上海共同租界工部局編：『上海共同租界工部局年報（1940年）』東京：生活社（国立国会図書館デジタルコレクション）。
Annual Report of the Shanghai Municipal Council（1923-1941）。
上海交響楽団資料室所蔵：「工部局管弦楽隊」プログラム及び資料集。
東京藝術大学附属図書館所蔵：「草刈義人寄贈資料」（音楽、バレエ関連資料）。

第三章
大橋毅彦・関根真保・藤田拓之編：2015年『上海租界の劇場文化—混淆・雑居する多言語空間』東京：勉誠出版。
井口淳子：2015年 b「ライシャム劇場、一九四〇年代の先進性—亡命者たちが創出した楽壇とバレエ」 大橋毅彦・関根真保・藤田拓之編 『上海租界の劇場文化 —混淆・雑居する多言語空間』36-50、東京：勉誠出版。
糟谷里美：2014年『バレエ振付演出家 小牧正英（1911-2006）研究：バレエ・ルッスの日本への導入をめぐって（全文 web 公開版）』東京：お茶の水大学ウェブライブラリー。
小牧正英：1984年『晴れた空に—舞踊家の汗の中から』東京：未来社。

1975年『ペトルウシュカの独白』東京：三恵書房。
1977年『バレエと私の戦後史』東京：毎日新聞社。
斎藤慶子：2018年「バレエと政治―チャイコフスキー記念東京バレエ学校（1960-1964）と冷戦期のソ連の文化外交」『境界研究 =JAPAN BORDER REVIEW』8：55-88。
佐野勝也：2017年『フジタの白鳥―画家　藤田嗣治の舞台美術』東京：新宿書房。
星野幸代：2018年『日中戦争下のモダンダンス―交錯するプロパガンダ』東京：汲古書院。
レイノルズ・ナンシー、マコーミック・マルコム：2013年『二〇世紀ダンス史』東京：慶應義塾大学出版会。
［中国語］
井口淳子：2015a「二十世紀四十年代蘭心大戲院的前衛性」大橋毅彦、趙怡、榎本泰子、井口淳子編『上海租界與蘭心大戲院』上海：上海人民出版社。
蒋三軍編著：2014『哈爾濱俄僑詞彙編』哈爾濱：東北林業出版。

第四章
秋山龍英：1966年『日本の洋楽百年史』　東京：第一法規出版社。
井口淳子：2017年「A. ストロークのアジアツアー―上海租界で発行された英字新聞にもとづいて」『音楽学』第62巻2号：73～85。
大阪音楽大学音楽文化研究所編：1968年『大阪音楽文化史資料　明治・大正編』大阪：大阪音楽大学。
1970年『大阪音楽文化史資料　昭和編』大阪：大阪音楽大学。
野村光一、中島健蔵：1978年『日本洋楽外史』　東京：ラジオ技術社。
増井敬二著、昭和音楽大学オペラ研究所編：2003年『日本オペラ史 ～1952（上）』東京：水曜社。
皆川弘至：2004年「クラシック音楽文化受容の変遷―外来演奏家によるコンサート史への一考察（音楽表現学科特集号）」『尚美学園大学芸術情報学部紀要』第4号：71～164。
山本美紀：2015年『音楽祭の戦後史―結社とサロンをめぐる物語』東京：白水社。
［英語］
Абрамовича Gimmervert Анисим.：2006 *Оскар Строк-Король и poddannyi,* Новгород: Деком.（Gimmervert Anisim Abramovich 2006. *Oskar Strok-Korol poddany,* Novgorod: Dekom.）
Malan Roy: 2004 *Efrem Zimbalist: A life* Portland: Amadeus Press.
Malvin Sheila and Cai Jindong: 2004 *Rhapsody in Red: How Western Classical Music became Chinese.* New York: Algora.
Sachs Harvey: 1995 *Rubinstein: A Life* New York: Grove Press.
［中国語］
劉欣欣、劉學清：2002『哈爾濱西洋音樂史』北京：人民音樂出版社。

滿新颖：2012『中国近現代歌劇史』北京：中国文聯出版社。
許步曾：1991「猶太音樂家在上海（上）」『音楽芸術』（上海音樂学院学報）1991（3）：36～43。
張已任：2013「齊爾品與中國近代音樂（Tcherepnin and Chinese Modern Music）」『音楽芸術』（上海音樂学院学報）2013（2）：47～56。
［参考ウェブサイト］
Raduraksti（Latvian State Historical Archives）URL: http://www.lvva-raduraksti.lv/lv.html（2017年8月閲覧）
［新聞データベース］
ProQuest: Historical Newspapers: Chinese Newspapers Collection, 1832-1956
「渋沢社史データベース」
URL: http://shashi.shibusawa.or.jp/details_nenpyo.php?sid=14940&query=&class=&d=all&page=52

第五章
阿部知二：1975年「緑衣」『阿部知二全集第五巻』東京：河出書房新社。
井上靖：1972年「貧血と花と爆弾」『文藝春秋』30（2）、188～218。
岩野裕一：1999年『王道楽土の交響楽—満洲知られざる音楽史』東京：音楽之友社。
NHK 交響楽団編：1967年『NHK 交響楽団四〇年史』東京：日本放送出版協会。
榎本泰子：2015年「上海の劇場で日本人が見た夢」大橋毅彦、関根真保、藤田拓之編『上海租界の劇場文化—混淆・雑居する多言語空間』東京：勉誠出版社、51～62。
小谷正一：1958年「国際興行師の泣き笑い—海外芸能人招聘の黒幕と呼ばれて」『文藝春秋』昭和33年4月号、280～293。
澤田稔：1942年「上海音楽事情」『音楽之友』2巻8号：116～118。
1942年「大陸情報」『音楽之友』2巻9号：115～118。
高木伸幸：1998年「井上靖「貧血と花と爆弾」論—「真物」の男たちの「熱情」『国文学攷』159：47～60、広島大学国語国文学会。
原善一郎君追憶文集発行委員：1952年『原善一郎君追憶文集』（非売品）。
松本善三：1995年『提琴有情—日本のヴァイオリン音楽史』東京：レッスンの友社。
［一次資料］
大阪音楽大学旧音楽博物館所蔵演奏会プログラム
昭和音楽大学附属図書館・小原・堀田写真コレクション